Text: Jürgen Heinel * Gestaltung: M. Paul
ANDRUCK 1848
Geschichte der Dieburger Zeitung

Text: Jürgen Heinel * Gestaltung: Marianne Paul

ANDRUCK 1848

Geschichte der Dieburger Zeitung

Dieburger Verlag

Zum Gedenken an Heinrich Herrmann

© DIEBURGER VERLAG
MARIANNE PAUL
Dieburg 1998

Alle Rechte vorbehalten einschließlich der Vervielfältigung, Speicherung und der Verbreitung durch Fotokopien von Bild und Text nur mit ausdrücklicher Genehmigung des Verlags.

ISBN 3-931611-07-8

ZU DIESEM BUCH

Zeitung lesen ist heute etwas Alltägliches. Doch über eine Zeitung etwas zu erfahren, über ihre Entstehungsgeschichte, über ihren oft hochinteressanten Inhalt, die rasante Entwicklung bei der Herstellung und nicht zuletzt über die Menschen, die mit dieser Geschichte eng verbunden sind, das ist das Ziel der folgenden Seiten.

Sicher war es für Dieburg immer ein Privileg eine eigene Zeitung zu haben, zählte doch das Städtchen im Gründungsjahr gerade 3500 Einwohner.

Schaut man zurück in die Geschichte, so gab es 1630 in ganz Deutschland gerade 24 gedruckte Wochenblätter. Eine Zeitung war damals die wichtigste Informationsquelle. Erst gegen Mitte des 18. Jahrhunderts sind mehrere Tageszeitungen entstanden. Den größten Aufschwung nahm die Tagespresse jedoch erst Mitte des 19. Jahrhunderts.

Im denkwürdigen Revolutionsjahr 1848 bekam auch Dieburg seine eigene Zeitung. Von da an hat das Blatt über Generationen die Lokalgeschichte Dieburgs mitgeprägt. Allerdings bestimmten bis zum Schluß Kriege, finanzielle Nöte und persönliche Entbehrungen den Kampf um den Erhalt dieser Zeitung. Heute sind die Beiträge ein interessantes Spiegelbild des Schicksals unserer Vorfahren und der Entwicklung unserer Stadt. Diese kulturhistorische Chronik ist für mich ebenso Anlaß zu dieser Publikation wie die Verpflichtung der Tradition gegenüber, Dinge nicht nur zu verwahren, sondern sie auch der Öffentlichkeit zugänglich zu machen.

Welche rasante technische Entwicklung auch die Dieburger Zeitung seit ihrer Gründung 1848 erfahren mußte, hätte damals niemand zu glauben gewagt. Doch bevor Gutenbergs Drucktechnik vom digitalen Zeitalter abgelöst wurde, war Dieburg 141 Jahre lang Herstellungsort eines eigenen Blattes gewesen.

Diese Zeitspanne dokumentiert der Autor Dr. Jürgen Heinel, indem er aus der Fülle des Archivmaterials „spannende", typische und wichtige Episoden aus allen Bereichen ausgewählt hat. Ein großer Teil des Inhalts sind Originaltexte, jedoch in heutige Schrift umgesetzt, da die alte Fraktur-Schrift für viele nur noch schwer - wenn überhaupt - lesbar ist. Diese Texte stehen durchweg in Anführungszeichen.

Um die Zeitung in Dieburg haben sich viele verdient gemacht. An der Spitze steht dabei unzweifelhaft Heinrich Herrmann. Darum habe ich seinem Andenken dieses Buch gewidmet.

Dieburg, im Oktober 1998
Marianne Paul, Herausgeberin

Inhalt

Eine Revolution führt zur Dieburger Zeitung 8
Was in den ersten Zeitungsnummern steht 13
Armut zwingt Massen zum Auswandern 14
Die Revolution scheitert 16
„Welthändel" 17
Wechselhafter Anfang der Zeitungsgeschichte 18
Anzeigen spiegeln die Lebensart von damals 20
Über Liebe und Ehe 21
Die preußischen Feinde kommen 22
Wunder und Gefahren der Eisenbahn 24
Endlich ein Sieg! 26
Amüsantes aus dem Gerichtssaal 28
Großbrand zerstört Darmstadts Hoftheater 30
Dieburg im Kulturkampf 32
Auch die Zeitung gerät in Bedrängnis 34
Hitze und Kartoffelkäfer 36
Ordnung muß sein, Lohn aber auch 37
Der Großherzog ist tot 38
Alles schon dagewesen 40
Die Zeitung 30 Jahre im Besitz der Kirche 42
Immer noch auswandern? 46
Frauenlist und Männerschläue 47
Ihre werthe Krankheit 48
Heiteres und Bösartiges 49
Die neue Stadtkirche 50
„Unser Afrika gehört zu Deutschland" 52

Die Jahrhundertwende 53
Dieburger Wahlkampf 1903 56
Notzeit statt Siegesjubel 58
Wer wird noch Goldschmuck tragen? 59
Schieber, Gauner und Kriegsgewinnler 60
Der Zusammenbruch 61
Handgranaten und ein verdächtiger Sarg 63
Statt Frieden bittere Pillen 64
Gutes und Böses - wie seit jeher 66
„Dirnengeschichten" und „Niggerkultur" 67
Heinrich Herrmann übernimmt die Zeitung 68
Das letzte „gute" Jahr 75
Schlag auf Schlag in die Diktatur 76
Alltag im „Dritten Reich" 78
Ein spektakulärer Prozeß 79
Die Kunst, zwischen den Zeilen zu lesen 80
„Vertraulich" 82
Heinrich Herrmann beginnt ein zweites Mal 84
Dreiecksrennen und andere Ereignisse 86
Abschied von Heinrich Herrmann 88
Die Nachfolge 89
Der 130 Geburtstag 92
Der 135 Geburtstag 96
Die Volontärinnen 102
Quellen 106
Literaturverzeichnis 107

Eine Revolution führt zur Dieburger Zeitung

1848

Vor rund 150 Jahren, 1848, geschieht Unerhörtes und Neues in der Stadt Dieburg: politische Krawalle finden statt und eine Zeitung wird gegründet! In der Nacht zum 2. April kommt es vor dem Haus des Bürgermeisters zu einem Auflauf, Fensterscheiben werden eingeworfen. Man verlangt die Absetzung des Oberhaupts der Stadt, des weiteren in einer „Petition" unter anderem Jagdrechte, freie Wahl und Anstellung von Geistlichen und Lehrern, Zutritt zu den Gemeindesitzungen.

Bürgermeister Johannes Weber VI. leitet die Geschicke der Stadt von 1843 bis zur Reichsgründung 1871

Diese Revolution, die berühmte Revolution von 1848, erfaßt viele deutsche Staaten. Die Pressefreiheit ist überall eine der Forderungen der fortschrittlichen Kräfte. Und dann in erster Linie die Bewilligung von demokratischen Rechten für die Volksvertretungen. Denn bis dahin ist das Regiment in fast allen Staaten des „Deutschen Bundes" noch sehr autoritär...

Dieburg mit seinen etwa 3000 Einwohnern befindet sich damals im Großherzogtum Hessen-Darmstadt. Die Regierung in der nahen Hauptstadt gibt, wie andere Regierungen auch, dem „revolutionären Druck" zunächst nach und verkündet beispielsweise die begehrte Pressefreiheit. „Die Presse", so lautet der entsprechende Satz in der Erklärung des Großherzogs, „ist frei, die Zensur hiermit aufgehoben." (1)

Diese Lage macht sich in der Stadt an der Gersprenz ein Brüderpaar zunutze. Der Buchbinder Jakob Rachor und der Buchdrucker Peter Rachor gründen die erste in Dieburg gedruckte Zeitung. Als Probeblatt erscheint sie am 16. Oktober 1848 zum ersten Mal mit einer höflichen „Ankündigung":

„Wir erlauben uns, den hohen verehrlichen Behörden, sowie einem geehrten Publikum die Anzeige zu machen, daß vorliegendes Blatt in der Form, wie es hier gegeben ist, wöchentlich einmal, mindestens in einem halben Bogen, erscheint. Sollten die Anzeigen nicht ausreichen, um dieses Blatt in der versprochenen Form zu liefern, so werden wir uns bemühen, solches mit anderen interessanten Notizen auszufüllen."

Was die Brüder nicht ahnen können: Diese Zeitung, zunächst „Wochenblatt" genannt, erscheint als in Dieburg gedrucktes Organ unter verschiedenen Titeln nicht nur 10 oder 20 oder 50, sondern 141 Jahre lang und bleibt trotz vieler widriger Umstande am Leben.

Erst 1989 wird der Zeitungsdruck in Dieburg durch die Übergabe des „Dieburger Anzeigers" in die Hände eines Offenbacher Verlages beendet. Eine sehr lange und hochinteressante Entwicklungslinie findet damit ihren Abschluß. ■

Pränumerationspreis: für den Jahrgang 30 kr.

Einrückungsgebühr: die gewöhnliche Zeile 2 kr.

Wochenblatt
für den
Regierungs-Bezirk Dieburg.
Erster Jahrgang.

Probeblatt.

Nr. 1.   Montag den 16. October   **1848.**

Brod-Taxe im Regierungsbezirk Dieburg.

kr.	Brod.	Lth.	Ot.	Brod.	kr.	pf.
1	Wafferweck soll wiegen	6	1	Ein Laib Brod zu 5 Pfd. soll gelten	10	2
1	Milchbrod „ „	5	1	Ein Laib Brod zu 2½ Pfd. „	5	1

Fruchtpreise:

Dieburg den 23. August: Waizen 10 fl. 5 kr. pr. Malter 200 Pfd. Korn 6 fl. — pr. Malter 180 Pfd. Gerste 5 fl. 10 kr. Spelz 3 fl. 45 kr. Hafer — fl. — kr.
Mainz den 6. Oct.: pro 200 Pfd. Waizen 9 fl. 44 kr. Korn 6 fl. 15 kr. Gerste 6 fl. 4 kr. Spelz 5 fl. 44 kr. Hafer 6 fl.

Der Großherzogl. Hess. Regierungs-Commissär des Regierungsbezirks Dieburg.
Kritzler.

Messen und Märkte im Monat October.

Am 3. zu Darmstadt 8 T., Michelstadt, Mannheim V. M. Am 4. zu Reichelsheim V. M. Am 5. zu Friedberg V. M., Frankenthal V. M. Am 9. zu Großzimmern. Am 10. zu Gießen V. und K. M. 2 T. Am 11. zu Lichtenberg, Heidelberg V. M. Am 16. zu Heidelberg Messe 14 T. Am 17. zu Gernsheim 2 T., Urberach. Am 18. zu Großbieberau. Am 23. zu Lengfeld, Kelsterbach, Lindenfels. Am 24. zu Zwingenberg, Weinheim V. M. Am 25. zu Reichelsheim V. M. Am 30. zu Dieburg. Am 31. zu Brensbach, Schriesheim V. M.

Inhalt des Regierungsblatts Nr. 57 vom 7. October 1848.

1) Verordnung in Bezug auf Forststrafen und auf einige Gegenstände der Forstverwaltung; — 2) Bekanntmachung, die Leseholznutzung in den Großherzogl. Domanial- und Communalwaldungen betr.; — 3) Verordnung, die Waldstreunutzung in den Domanial- und Communalwaldungen betr.; — 4) Verordnung, den Werths- und Schadenersatz-Tarif bei Forstfreveln betr.; — 5) Dienstentbindung; — 6) Nachtrag zu dem Verzeichnisse der Vorlesungen, welche auf der Großherzogl. Landes-Universität Gießen im Winterhalbjahre 18⁴⁸/₄₉ gehalten werden.

Dieburg, am 2. October 1848.

Betreffend: Den Recrutirungsrath für die Provinz Starkenburg im Jahre 1848.

Die Großherzogl. Hess. Regierungs-Commission des Regierungsbezirks Dieburg
an sämmtliche Gr. Bürgermeister des Regierungsbezirks Dieburg.

Wir benachrichtigen Sie hiermit, daß die Sitzungen des dießjährigen Recrutirungsraths für die Provinz Starkenburg Montag den 23. Oct. d. J. Vormittags ½8 Uhr eröffnet und Samstag den 28. Oct. Mittags 12 Uhr geschlossen werden. Da die Eintheilung der vorhinigen Kreise und Landrathsbezirke für dieses Jahr beibehalten werden muß, so ist dieselbe auf folgende Art in die 6 Sitzungstage eingetheilt.

1) Am 1. Sitzungstage, Montag den 23. October, Landrathsbezirk Erbach und Breuberg.
2) „ 2.   „   Dienstag „ 24.   „   Kreis Offenbach und Wimpfen.
3) „ 3.   „   Mittwoch „ 25.   „   „   Heppenheim.
4) „ 4.   „   Donnerstag „ 26.   „   „   Bensheim.
5) „ 5.   „   Freitag   „ 27.   „   „   Großgerau und Dieburg.
6) „ 6.   „   Samstag „ 28.   „   „   Darmstadt.

Sie haben dieses in Ihren Gemeinden mit dem Anfügen bekannt zu machen, daß diejenigen Leute, welche aus irgend einem gesetzlich zulässigen Grunde reclamiren und sich deßhalb vor dem Gr. Recrutirungsrathe freiwillig sistiren wollen, während den bemerkten Sitzungstagen, namentlich aber an dem Tage, welchem der betreffende Kreis oder Bezirk zugetheilt ist, Vormittags präcis 1/2 8 Uhr in dem Geschäftslocal der Gr. Regierungscommission zu Darmstadt sich einzufinden haben, damit vor dem Beginne der ärztlichen Untersuchungen die Identität der Personen geprüft werden können. Am 28. October, Mittags nach 12 Uhr, können Reclamationen nicht mehr angenommen werden.

Schließlich mache ich Sie darauf aufmerksam, daß jeder sich vor dem Gr. Recrutirungsrath sistirende Militärpflichtige mit einem von seinem Gr. Bürgermeister ausgestellten versiegelten Signalement versehen sein muß.

Kritzler.

Preis-Pflügen,

in Verbindung mit Vorzeigung verschiedener interessanter Pflug- und anderer Erd-Arbeiten und einem Verkaufe verbesserter landwirthschaftlicher Werkzeuge.

Durch Beschluß des Ausschusses des landwirthschaftlichen Vereins der Provinz Starkenburg sind zu Preisen für gute Pflüger, bestehend in silbernen Uhren, landwirthschaftlichen Geräthen, Fähnchen rc., 100 fl. ausgesetzt. Eine gleiche Summe soll auf Verbreitung verbesserter neuer landwirthschaftlicher Werkzeuge durch An- und Wiederverkauf verwendet, mit diesem Verkauf aber gleichzeitig die Vorzeigung ihrer Gebrauchsweise verbunden werden.

In Vollziehung dieses Beschlusses wird hiermit Folgendes bekannt gemacht:

1) Das Preispflügen und der An- und Wiederverkauf fraglicher Werkzeuge rc., je Morgens um 8 Uhr beginnend, wird stattfinden:

  zu Umstadt, Dienstag den 17. October,
  „ Michelstadt, Donnerstag den 19. October,
  „ Biblis, Mittwoch den 25. October und
  „ Langen, Freitag den 27. October d. J.

2) Die Anmeldungen zur Concurrenz um die Pflügerpreise haben spätestens bis 9 Uhr des Morgens bei dem Preisgerichte zu geschehen. Die Reihenfolge der Anmeldungen bestimmt die Ordnung, in welcher Diejenigen, die sich gemeldet haben, zum Wettpflügen gelangen. Kann ein Theil der Bewerber wegen zu starker Concurrenz zum Wettpflügen nicht gelangen, so stehen Diejenigen, welche sich am spätesten gemeldet haben, zurück. Die Concurrenz kann überhaupt nur eigentlich Ackerleuten, dem Einzelnen selbst aber nur einmal gestattet werden, selbst wenn auch bei einer vorausgegangenen Concurrenz kein Preis errungen worden. Für die Pflüge und Bespannung sorgt der landwirthschaftliche Verein.

3) Die vorgezeigt werdenden Arbeiten werden seyn:
  a) Pflügen mit gleichzeitigem Auflockern des Untergrundes, und zwar auf Acker- und Wiesenland, bei letzterem in der Art, daß diesem die Grasnarbe verbleibt;
  b) das Abschälen, Auf- und Wiederabrollen einer Grasnarbe;
  c) die Anfertigung benarbter Dämme und Gräben zur Wasser-Zu- und Ableitung.

4) Die angekauften und zum Wiederverkaufe kommenden verbesserten landwirthschaftlichen Werkzeuge sind:
  a) Benner'sche Beetpflüge (verbesserter flandrischer Pflug),
  b) Ruchadlo's zum Wenden,
  c) Untergrundwühler zum Anschrauben an jede Art von Ackerpflügen,
  d) Rasenschälschippen,
  e) Stechschippen,
  f) Baumrindekratzen.

Indem zu recht zahlreicher Theilnahme an vorbezeichneten Verhandlungen freundlichst eingeladen wird, ergeht zugleich an die Herren Ortsvorstände und die verehrlichen Mitglieder des landwirthschaftlichen Vereins die Bitte um gefällige Mitwirkung zu möglichster Verbreitung dieser Bekanntmachung.

Darmstadt, den 12. October 1848.

Der Präsident des landwirthschaftlichen Vereins von Starkenburg.

Anzeigen von Behörden.

[1] Gläubiger-Aufforderung.

(Umstadt.) Sämmtliche Gläubiger des nach dem aufgenommenen Vermögensverzeichnisse als überschuldet erscheinenden Wilhelm Dickhaut von Altheim werden zur Anmeldung und Begründung ihrer Forderungen unter Vorlage der etwa in Händen habenden Schuldurkunden auf

Mittwoch den 11. October d. J.
Vormittags 10 Uhr

unter dem Anfügen vorgeladen, daß die Ausbleibenden als den Beschlüssen der Mehrheit der erschienenen Gläubiger namentlich auch einem etwa zu Stande kommenden Arrangements beitretend werden angesehen werden.

Umstadt, den 16. September 1848.
Gr. Hess. Landgericht
Reh.

[2] Edictalladung.

(Reinheim.) Ueber das Vermögen des Wirths Georg Conrad Poth in Roßdorf ist der förmliche Concursprozeß erkannt worden, weßhalb dessen sämmtliche Gläubiger aufgefordert werden, ihre Forderungen bei Vermeidung des Ausschlusses

Mittwoch den 11. October Vormittags 9 Uhr
dahier anzuzeigen.

Bei den nur schriftlich liquidirenden Gläubigern wird angenommen werden, daß sie hinsichtlich der über die weitere Behandlung der Concurssache zu fassenden Beschlüssen den Anträgen der Mehrheit der erschienenen Gläubiger beigetreten seien.

Reinheim, den 20. September 1848.
Gr. Hess. Landgericht
Kleinschmidt. Doerr.

[3] Immobilien-Versteigerung.

(Höchst i. O.) Landgerichtlicher Verfügung gemäß, werden nachbenannte, dem Adam Kohlbacher II. zu Höchst gehörigen Liegenschaften,

Dienstag den 24. October Nachmittags 1 Uhr

in dem Gasthause zum Lamm daselbst unter annehmbaren Bedingungen versteigert, als:
1) Ein Viertel 64 Klafter Hofraithe und Gebäuden, Haus und Mahlmühle mit einem Schlag- und zwei Mahlgängen, Stall mit Keller, Scheuer, Schweinställe und Backhaus;
2) drei Morgen, zwei Viertel Gras- und Baumgärten bei der Hofraithe;
3) 26 Morgen, 2 Viertel Aecker;
4) 6 " Wiesen.

Bemerkt wird noch, daß die Hofraithe an dem Mümlingsflusse rechts der Chaussee von Höchst gegen König liegt und dieser Fluß hinlänglich Wasser für drei und auch vier Mahlgänge darbietet.

Höchst, am 2. October 1848.
Der Bürgermeister
Stockum.

[4] Verkauf getragener Montirung und Reitzeug.

(Darmstadt.) Montag den 30. October d. J. des Vormittags von 9 bis 12, und des Nachmittags von 1 bis 4 Uhr und an den folgenden Tagen zu derselben Zeit sollen in der hiesigen Reitercaserne eine große Quantität getragener Montirungsstücke, wobei viele Mäntel, sodann Reitzeug und Casernrequisitien mit einer großen Anzahl Teppichen meistbietend gegen gleich baare Zahlung versteigert werden.

Indem man dieß zur öffentlichen Kenntniß bringt, ersucht man sogleich die Herrn Bürgermeister, diesen Verkauf in den unterhabenden Gemeinden bekannt machen zu lassen.

Darmstadt den 3. October 1848.
In höherem Auftrage:
Zöller, Staabsquartiermeister.

[5] Oeffentliche Aufforderung.

(Offenbach.) Großherz. Hess. Hofgericht hat über das Vermögen des Johannes Herdt I. zu Urberach den förmlichen Concurs erkannt. Es werden daher dessen sämmtliche Gläubiger zur Anmeldung und Begründung ihrer Forderungen, sowie zur Geltendmachung etwaiger Vorzugsrechte auf

Montag den 30. October l. J.
Vormittags 10 Uhr,

unter dem Rechtsnachtheile des stillschweigend eintretenden Ausschlusses von der Masse und dem Anfügen vor unterzeichnetes Gericht geladen, daß bezüglich der weder in Selbstperson erscheinenden, noch durch gehörig Bevollmächtigte vertretenen Gläubiger der stillschweigende Beitritt zu den in erwähnter Tagfahrt von der Mehrheit der Erschienenen gefaßt werdenden Beschlüssen unterstellt werden wird.

Offenbach, den 9. August 1848.
Großherzogl. Hess. Landgericht
Strecker.

Anzeigen von Privaten.

[6] Wein-Empfehlung.

(Frankfurt a. M.) Guter rein gehaltener Pfälzer Wein wird zu 16, 18 und 20 fl. per Ohm billig abgegeben.

Frankfurt a. M. im October 1848.
Döngesgasse Nr. 6 neu, im Hofe.

[7] Daguerreotyp-Portraits

in beliebiger Größe, namentlich in Ringe, Medaillons c., werden von dem Unterzeichneten gefertigt. Das Portraitiren kann auch im Zimmer vorgenommen werden.

Darmstadt, im October 1848.
Carl Scriba jun.
Eck der Elisabethen- und Magazinsstraße
Lit. J. Nr. 59.

Nachricht für Auswanderer nach Nord-Amerika.

[8] Außer den regelmäßig von **Havre** abfahrenden Postschiffen nach **New-York**, werden von nun an alle 10 Tage schöne, große, gekupferte Dreimasterschiffe von **Havre** nach **New-Orleans** expedirt.

Washington Finlay in Mainz,
Spezialagent der Havre-New-Yorker Postschiffe.

Einschreibungen für diese Schiffe werden von meinem Agenten **Carl Feist Mayer in Darmstadt** angenommen.

[9] Geschäfts-Eröffnung.

(Offenbach.) Ich mache hiermit einem geehrten Publikum die ergebene Anzeige, daß ich auf hiesigem Platze ein Material- und Farbwaarengeschäft errichtet habe.

Mein Streben wird stets dahin gerichtet sein, nur gute, reelle Waaren zu führen, sowie ich mich eifrigst bemühen werde, das mir zu schenkende Vertrauen durch billige und zuverlässige Bedienung zu rechtfertigen.

Offenbach im October 1848.

L. Schüttler,
Frankfurter Straße
im Hause des Herrn Justus Heinrich.

[10] (Roßdorf.) Am 3. September d. J. ist mir eine tragbare Schäferhündin, von Farbe eisgrau, entlaufen. Wer mir solche wieder zustellt, empfängt eine gute Belohnung.

Johannes Fleckenstein, Schäferknecht.

[11] Färbereianzeige.

(Darmstadt.) Zur größeren Bequemlichkeit habe ich die Einrichtung getroffen, daß Gegenstände, welche gefärbt oder gedruckt werden sollen, bei meinem Vater in der Kirchstraße abgegeben und auch wieder dorten in Empfang genommen werden können.

J. G. Naumann.

[12] Radfelgen feil.

(Semd.) Dreihundert Stück dürre Radfelgen bester Qualität sind zu verkaufen bei

G. Fr. Escher,
Schullehrer daselbst.

[13] Backofensteine-Verkauf.

(Dieburg.) Bei dem Unterzeichneten sind fortwährend gute Backofensteine um billigen Preis zu haben.

Dieburg, den 14. October 1848.

Sebastian Kirchstein,
Bäckermeister.

[14] (Darmstadt.) Bei Unterzeichnetem sind 25 Pfd. alter noch brauchbarer Stahl und 12 Pfd. alte abgebrochene Rapier zu verkaufen.

Darmstadt, den 16. October 1848.

J. J. Hoffmann, Schlossermeister.

Ankündigung.

Wir erlauben uns, den hohen verehrlichen Behörden, sowie einem geehrten Publikum die Anzeige zu machen, daß vorliegendes Blatt in der Form, wie es hier gegeben ist, wöchentlich einmal, mindestens in einem halben Bogen, erscheint. Sollten die Anzeigen nicht ausreichen, um dieses Blatt in der versprochenen Form zu liefern, so werden wir uns bemühen, solches mit anderen interessanten Notizen auszufüllen. Zu diesem Behufe bitten wir die verehrlichen Behörden um gütigste Unterstützung, so wie uns solche bereits von Großh. Regierungs-Commission dahier zugesagt ist. — Auch sind wir gern bereit, wenn es verlangt wird, dieses Blatt vom 1. November an erscheinen zu lassen. Inseraten bittet man portofrei an die Unterzeichneten gelangen zu lassen.

Zugleich erlauben wir uns, unsere neu etablirte Buchdruckerei zu allen in ihr Fach einschlagenden Druckarbeiten in eleganter Ausstattung zu den billigsten Preisen, zu empfehlen.

Dieburg, den 16. October 1848.

Gebr. Rachor.

Druck und Verlag von Gebrüder Rachor in Dieburg.

Was in den ersten Zeitungs-Nummern steht

Unter den Bekanntmachungen rangiert an vorderster Stelle die sogenannte „Brod-Taxe". Sie gibt Auskunft darüber, wie es um das Gewicht und den Preis des wichtigsten Nahrungsmittels bestellt ist - eine im wahrsten Sinne des Wortes lebenswichtige Angelegenheit! Denn die Armut ist groß.
Dann kommen die „Fruchtpreise", also die Preise fürs Getreide. Das alles in den alten Gewichtsangaben wie Malter und Loth und der Währung in Florin (Gulden) und Kreuzern.

Was dann? Die Annoncen natürlich, denn sie sind die Voraussetzung dafür, daß eine Zeitung überhaupt existieren kann. Sehr gut kann man sehen, welche Waren damals der werten Kundschaft empfohlen werden und mit welchen überaus höflichen Worten das geschieht. Schließlich findet man Berichte über Vorkommnisse, die Aufsehen erregt haben. So auch Meldungen über Menschen, die in Not geraten sind - das Wochenblatt leitet dann auch Hilfsaktionen in die Wege.

Bitte an Menschenfreunde
„Am 29. v.M., etwa um 1/2 10 Uhr, waren die herrschaftlichen Holzmacher in dem Walde Kernbach mit Umgraben von Buchen beschäftigt. Ein heftiger Windstoß war Veranlassung, daß ein angegrabener Baum früher umfiel, als die Holzmacher vermuteten; ein abgesprengter Ast erreichte den Holzmacher Konrad Buß auf der Flucht und schlug ihn zusammen. Erschrocken eilten die anderen Holzmacher herbei, fanden ihn bewußtlos und auf dem Kopfe eine tiefe, stark blutende Wunde. Man trug ihn in die nahe Kernbachshütte, wo ihn der herbeigerufene Arzt, Dr. Büchner, untersuchte. Er fand leider die Wunde tief ins Gehirn gehend, so daß keine Hoffnung zur Rettung denkbar war, obgleich der Körper sonst wenig beschädigt war. Um 1/2 8 Uhr desselben Tages war der Unglückliche im 32. Lebensjahre eine Leiche. Er hat ausgerungen; aber nicht so die unglücklichen Familienmitglieder, welche er ohne Vermögen und Versorger in der trostlosesten Lage hinterläßt....
Menschenfreunde! die Opfer der Liebe sind hier um so würdiger angewendet, da der Verunglückte ein in jeder Beziehung braver Sohn, Bruder, Gatte und Nachbar war.
Die Redaktion dieses Blattes, Herr Dr. Büchner und die Unterzeichneten sind erbötig, milde Gaben anzunehmen und seinerzeit öffentlich Rechnung in diesem Blatte darüber abzulegen..."
(12/48)

1848

Armut zwingt Massen zum Auswandern nach Amerika

Auch im Großherzogtum Hessen nimmt im vorigen Jahrhundert die Bevölkerungszahl, wie fast überall in den deutschen Landen, stark zu. Namentlich die Pockenschutzimpfung und andere medizinische Maßnahmen tragen dazu bei. Dagegen bleiben die Erträge der Landwirtschaft dürftig. Mißernten vergrößern noch das Elend und führen zu „Hungerjahren".

So fassen nicht wenige Familien, ja mitunter ganze Ortschaften den schweren Entschluß, auszuwandern. Vor allem in die USA, manchmal auch nach Südosteuropa oder Brasilien. Die Behörden sehen diesen Auszug nicht ungern, weil auf diese Weise die allgemeine Lage der Bevölkerung erleichtert wird. „So verfrachtete", schreibt Thomas Lange, „die Gemeinde Groß-Zimmern 1846 auf ihre Kosten ein Viertel der Einwohnerschaft (ca. 700 Menschen) nach New York und überließ sie dort ihrem Schicksal." (2) Berichte lassen aber erkennen, daß sich die Auswanderer im allgemeinen eine - wenn auch zunächst dürftige - Existenz sichern können und nicht zurückkehren. Bei manchen Auswanderern ist auch die politische Unterdrückung, die zweifellos in Hessen herrscht und von fortschrittlichen Kräften wie dem Dichter Georg Büchner vergeblich angeprangert wird, der Grund zum Weggang, mitunter zur Flucht. „Ihr glaubt es gar nicht", berichtet ein Auswanderer 1832 aus Ohio, „wie frei man hier in diesem Land lebt." (3)

Ein Vergnügen ist die Fahrt über den Ozean keineswegs und das Leben in der Neuen Welt ebenfalls nicht. Doch die Annoncen für diese „Expedition" in die Fremde, aufgegeben im Dieburger Wochenblatt - sie lesen sich ziemlich verheißungsvoll! ∎

Anzeige
für Auswanderer nach Amerika.

Durch unterzeichneten Agent wird jede Woche ein Postschiff nach **New-York** expedirt, auch über **Havre** geht alle 10 Tage ein Postschiff. Die sämmtlichen Postschiffe sind die besten, welche diese Strecke befahren, und ist daselbst sowohl der Gesundheit, als der Bequemlichkeit Rechnung getragen.

Verträge werden äußerst billig abgeschlossen. Für den Bezirk des Odenwaldes wird Herr Georg Brünner in Oberramstadt jede nähere schriftliche und mündliche Auskunft ertheilen.

Worms, im Juni 1849. **Felix Langenbach.**

[2171] **Tafel- oder Reise-Bouillon.**

Die von mir zubereitete Tafel-Boulon in Blech-Kapseln (1, ½ und ¼ Pfund) wird von Hühner-, Rinds- und Kalbsknochen-Fleisch auf's Reinlichste und Pünktlichste verfertigt, so daß von der Größe einer Muskatnuß mit kochendem Wasser augenblicklich eine große Tasse ausgezeichnete Bouillon kann gemacht werden. Den Auswanderern ist dieselbe zur Seereise sehr zu empfehlen, weil da nicht jeden Tag und jede Stunde frische Suppe zu haben ist. Ich schmeichle mir, diesen Artikel so empfehlen zu können und dieß hauptsächlich bei eintretender Seekrankheit, um solche zu beseitigen oder doch zu erleichtern, da ich als alter praktischer Koch und Restaurateur mich auf jeden Arzt berufen kann und solches als ein Haupt-Bedürfniß angesehen werden muß, denn ich habe selbsten mehrere Jahre auf dem großen Weltmeere zugebracht und die Erfahrung also genau gemacht.

Per Pfund 7 fl. oder 4 Thaler. **F. C. Klein,**

---

[81] **„Die Hoffnung"**

concessionirte deutsche Bureaux für Auswanderung nach Amerika von

J. M. Bielefeld in Mannheim, London und New-York.

Regelmäßige Fahrt prachtvoller gekupferter Dreimaster erster Classe nach New-York und Orleans.

Freie und gute Beherbergung und Beköstigung in deutschen Gasthöfen in Rotterdam und in London bürgen dem Auswanderer für die schnellste Ueberfahrt.

Zu Abschließung von Ueberfahrtsverträgen, sowie zu jeder näheren Auskunft empfiehlt sich

Joh. Bapt. Hirsch
in Gernsheim.

1849

Special-Agentur der einzigen regelmäßigen Postschiffe zwischen London und New-York.

Gladiador	13. März	Margaret Evans	13. Mai
Independence	21. "	Shcwitzerland	21. "
Northumberland	28. "	American Eagle	28. "
London	6. April	Sir Robert Peel	6. Juni
Victoria	13. "	Prince Albert	13. "
Yorktown	21. "	Westminster	21. "
Hendrik Hudson	28. "	Mediator	28. "
Wellington	6. Mai	Devonshir	6. Juli

Die oben benannten 16 großen schönen schnellsegelnden amerikanischen Postschiffe segeln regelmäßig am 6., 13., 21. und 28. eines jeden Monats von London nach New-York und ist die Expedition dafür an jedem Samstag Morgen von hier. Sie bieten den Auswanderern durch ihre billigen Preise, die Pünktlichkeit ihrer Abfahrten, durch ihre hohen und geräumigen Zwischendecke und der verbesserten Einrichtung des oberen Deckes zum Schutze gegen Wind und Wetter Vorzüge dar, welche bei keinen anderen Segelschiffen stattfinden.

Diese Linie besteht bereits seit 24 Jahren und hat in den 3 letzten Jahren, wo sie zuerst anfing deutsche Auswanderer aufzunehmen, über 15 000 Personen befördert, welche in Hunderten von Briefen an ihre Verwandten ihre völlige Zufriedenheit über die Expedition ausgesprochen haben.

Die Revolution scheitert

Es ist zunächst nicht nur die Pressefreiheit, die als Frucht der Revolution im Frühjahr 48 in Darmstadt verkündet wird. Auch standesherrliche Sonderrechte zum Beispiel werden abgelöst und Vorrechte bei Handel und Gewerbe aufgehoben.

1849 Als jedoch in Dieburg die Zeitung zu erscheinen beginnt, im Oktober, gibt es zwar noch die revolutionäre Bewegung, aber sie kann bereits als gescheitert angesehen werden. Denn inzwischen haben die Regenten, gestützt auf Adel und Militär, entscheidende Siege errungen. Vor allem in Preußen und Österreich, den Hauptmächten.

Diese Entwicklung ist auch im Dieburger „Wochenblatt" spürbar. Zunächst werden noch freiheitliche Töne angeschlagen und fortschrittliche Bilder gemalt. So in zwei Gedichten vom November 48 und Januar 49, die zu der großen Zahl von politischen Äußerungen in Reimform gehören, wie sie damals üblich waren:

„Dort ist mein Vaterland,
Wo man die Freiheit kennt;
Wo Recht und Glaube und Verstand
Von jedem Zwang sich trennt.

Ich nenne mich des Landes Sohn,
Wo mild die Sonne lacht;
Wo kein Tyrann auf seinem Thron,
Aus Bürgern - Knechte macht..."

„Ein frischer Lebenshauch erfüllt die Welt,
Und neue Lust durchdringet alle Räume;
Des Landmanns schlichte Wohnung wird erhellt,
Zur Wahrheit werden seine schönsten Träume.
Der Bürger dehnt die enge Werkstatt aus,
Zu lang war er in den beengten Schranken..."

Aber bald schon steht im „Blättchen" ganz etwas anderes zu lesen. Denn im Sommer 49 wird auch im Großherzogtum Hessen-Darmstadt mit preußischer Hilfe die fortschrittlich-revolutionäre Bewegung niedergeschlagen, wobei sich die Kämpfe zwischen den obrigkeitlichen Heeren und den notdürftig bewaffneten Freischaren vor allem in der Pfalz und in Baden abspielen und Hessen nur bei Ober-Laudenbach und Hirschhorn streifen.

So liest man im Dieburger Blatt im Mai, daß der Großherzog das Kriegsrecht verkündet hat mit den Worten: „Eine verbrecherische Partei hat sich den Umsturz der gesetzlichen Ordnung zum Ziel gesetzt..." Die Todesstrafe wird jedem angedroht, der gegen die „bewaffnete Macht" Widerstand leistet, Waffen führt, Soldaten zum Treubruch zu verleiten sucht und so weiter.

Den Abschluß der Berichte über das Revolutionsgeschehen bildet im Dieburger Wochenblatt wiederum ein Gedicht. Der Titel: „Toaste der hessischen Soldaten am Bodensee". Hier wird der kriegerische Erfolg gegen die Revolutionäre gefeiert und mit einer überschwenglichen Hymne auf den Landesherrn verbunden:

„Weit aus heimatlichen Fernen
Winkt uns ein erhab'ner Stern;
Unter tausend hellen Sternen
Schauen wir nach ihm so gern.
Hessens Krieger, Hessens Söhne,
Stehen an dem Bodensee,
Und nach wildem Krieggedröhne,
Steig' ein Vivat in die Höh'!
Stolz die roth-weißen Fahnen schweben,
Und mit Macht begrüßt's die Woog':
Unser Großherzog soll leben,
Unser Ludwig dreimal hoch!..."

In diesem Wandel drückt sich nicht nur die Tatsache aus, daß jede Zeitung an Meinungsäußerung nur soviel drucken kann, wie mit der Aufrechterhaltung ihrer Existenz vereinbar ist. Es schimmert auch die Tatsache durch, daß genau wie in anderen deutschen Regionen zwar Reformen begrüßt werden von den Dieburger Bürgern, daß aber wirklich revolutionäre Forderungen und Verhaltensweisen keine breite Zustimmung finden. ■

„Welthändel"

Unter diesem globalen Titel stehen Nachrichten über solche Vorgänge im „Anzeige-Blatt", die Kurioses und Absonderliches zum Inhalt haben, auch Erschreckendes. Dinge, die vielleicht früher der Moritatensänger auf dem Markt von sich gegeben hätte. Gelegentlich stammen die Meldungen tatsächlich aus fernen Gegenden. Überwiegend aber spielen sich die „Händel" in den deutschen Landen ab oder in der Nachbarschaft.

„**Frankfurt.** Einem hiesigen Geschäftsmann war von einer Hellseherin der Tod seiner Angehörigen sowie sein eigenes Hinscheiden auf Tag und Stunde vorausgesagt worden. Nachdem die Prophezeiung bei einigen Familiengliedern à peu près eingetroffen war, sollte sich der Geschäftsmann Sonnabend vor acht Tagen nachmittags 3 Uhr gleichfalls zu den Vätern versammeln. Unter Angst und Schrecken war der ominöse Sonnabend herangekommen, es schlug 3 Uhr - doch der zu Tode geängstigte Mann, dem die Gattin nicht von der Seite wich, blieb am Leben. Der Jubel der Familie war grenzenlos, und ein ordentlicher Champagnersatz im Freundeskreise gab der Freude des Geretteten weiteren Ausdruck." (12/62)

„....**Büdingen**...: Wir haben ein entsetzliches Unglück zu beklagen, welches sich in der Nähe unserer Stadt begeben hat. Der besetzte Jagdwagen Seiner Durchlaucht des Fürsten zu Ysenburg und Büdingen stürzte gestern Abend auf dem Rückwege aus dem nahe gelegenen herrschaftlichen Thiergarten hierher in Folge des Scheuwerdens der Pferde von einem hohen Damme, über welchen der Weg führt, in die Tiefe hinunter, wodurch der durchlauchtige Prinz Reinhard zu Solms-Hohensolms-Lich, welcher sich in dem Wagen befand, so bedeutend verletzt wurde, daß er schon in der verflossenen Nacht verschied. Vier andere Personen wurden weniger bedeutend verletzt. Seiner Durchlaucht dem Fürsten war es mit einigen wenigen Personen gelungen, sich der großen Gefahr noch zeitig durch einen Sprung aus dem Wagen zu entziehen. - Der verunglückte Prinz... war erst kaum 21 Jahre alt." (1/62)

„Baron von Rothschild gab dem Kaiser Napoleon zu Ferières ein Fest, welches 1 1/2 Millionen Francs gekostet hat. Man meint in Paris, den nothleidenden Arbeitern von Rouen wäre dies Geld nöthiger gewesen!" (12/62)

„**Schlesien.** Einem braven Mann in Carlsthal starb seine Frau; er ließ ihr die besten Kleider anlegen und sie in den Sarg legen. Als er darauf in die Nachbarschaft ging, hörten die Dienstboten Lärm in der Todenkammer, faßten sich ein Herz und näherten sich der Thüre. Diese ging plötzlich auf und heraus trat die - Tode mit übergeworfenem Leichentuch und hocherhobenem Arm den Leuten winkend, sich zu entfernen. Schreiend gehorchten sie rasch. Als der Mann bald darauf heimkehrte und den Vorfall hörte, fand er die Leiche seiner Frau entkleidet und die ganze Kammer ausgestohlen. Der Dieb ist nicht entdeckt." (8/62)

„**Bruchsal.** Der hiesige Stadtrechner Jayser ist mit einem Barvorrath von etwa 11 000 fl. durchgegangen und soll bereits aus London telegraphische Nachricht von sich gegeben haben." (12/62)

„Ein in nachstehender Weise verübter Mord steht wohl einzig in seiner Art da. Er wurde in **Tombkowietz** an der polnischen Grenze verübt. Der Stallknecht eines Gutsbesitzers schlief nämlich im Stalle, als er um Mitternacht ein starkes Bohren an der hintern Stallthür vernimmt. Er begibt sich mit einem Strick versehen an dieselbe, um den abzuwarten, in welchem der Dieb die Hand durch das ausgebohrte Loch hereinstecken würde, damit er dann die Hand durch eine Schlinge fesseln könne, was ihm auch gelang. Er band hierauf die Hand...an die eine Thürpfoste fest. Nach längerm Schreien trat Stille ein.
Der Knecht...wartete mit Ungeduld die Zeit ab, in welcher die Dienstmägde zum Melken in den Stall kommen. Er begab sich nun mit den anderen Personen sofort hinter den Stall, um den Dieb aus seinen Fesseln zu befreien. Welch Entsetzen! Die anderen Diebe hatten dem Gefangenen den Kopf bis hart an die Schultern abgeschnitten und diesen nebst den Kleidern des Getödteten mit fortgenommen, um dadurch sich vor der Entdeckung zu sichern." (5/62) ■

1862

Wechselhafter Anfang der Dieburger Zeitungsgeschichte

G. H. Glässer

Das wechselhafte Geschick dieser Zeitung beginnt schon bei der Gründung. Da ist zum einen der Kampf mit der Konkurrenz. Denn ein amtliches Dieburger Kreisblatt existiert bereits, und zwar seit 1832. Aber gedruckt wird es nicht in Dieburg, sondern in Darmstadt bei der Hofbuchdruckerei Bekker. Den ersten Kampf besteht das junge „Wochenblatt" insofern erfolgreich, als das Kreisamt in Dieburg sich entschließt, ab 1849 ausschließlich die Zeitung der Brüder Rachor für amtliche Bekanntmachungen zu benutzen. Die Folge: Das Organ ist nun „Regierungsblatt". Alle Bürgermeister des Kreises veröffentlichen ihre Bekanntmachungen im Dieburger Blatt.

Das Format wird 1863 vergrößert, und die Zeitung erscheint nun zweimal pro Woche. Der Zustand, amtliches Sprachrohr zu sein, dauert immerhin ein Vierteljahrhundert, bis 1874. Dann folgt der nächste Kampf.

Die zweite Ebene des Wechsels betrifft den Namen. Vom „Wochenblatt für den Regierungsbezirk Dieburg" geht es über das „Wochenblatt für den Kreis Dieburg" (ab 1853) und das „Anzeigeblatt für die Kreise Dieburg und Neustadt" (ab 1858) zum „Starkenburger Provinzial-Anzeiger" (ab 1866).

Diese Umbenennungen werden zumeist durch behördliche Änderungen der Kreisgrenzen verursacht. Das Wort „Starkenburg" im Titel zielt allerdings darauf ab, ein größeres Einzugsgebiet anzusprechen. Ist doch die Provinz Starkenburg identisch mit dem ganzen Süden des Großherzogtums. Immerhin beträgt die Auflage im Jahr 1863 schon 2000. Wechsel gibt es sodann auch beim

Zeitungspersonal. Schon bald nach der Gründung stirbt Peter Rachor, so daß Jakob Rachor als alleiniger Inhaber weiterarbeitet. Ende der fünfziger Jahre tritt als Schriftsetzergehilfe Georg Adam Glässer, späterer Bürgermeister der Stadt, in das Unternehmen ein. Er steigt auf zum ersten Redakteur des Blattes und zum technischen Leiter. Und er wird durch die Heirat mit Helene Rachor 1861 der Schwiegersohn des Chefs.

Handpresse und Raddreher

Auch die Drucktechnik wandelt sich in dieser Zeit. Am Anfang steht - die Handpresse! Sie ist noch nicht viel mehr als das Gerät, mit dem Gutenberg die Buchdruckerkunst überhaupt hervorgebracht hat. 15 Jahre nach der Firmengründung aber, 1863, erscheint die erste Buchdruckschnellpresse in der Stadt. Das Eintreffen dieser Maschine wird in Dieburg zu einem großen Ereignis. Beim Abladen der finden sich Hunderte von Menschen vor dem Haus der Druckerei am Markt ein, um das Wunder der Neuzeit zu bestaunen. Bedient wird sie von einem Maschinenmeister, der für die funktionierende Technik verantwortlich ist. Außerdem gibt es nun den „Raddreher", der als lebende Kraftmaschine sein Brot verdient, denn Elektrizität kommt erst viel später in die Stadt.

Das Haus, in dem gedruckt wird, wechselt ebenfalls. Das Gebäude am Markt, in dem alles seinen Anfang nimmt, steht nicht mehr. Das Gelände wird von der Familie von Fechenbach zur Vergrößerung ihres Lustgartens gekauft.
Der Umzug bringt den Verlag in das geräumige Haus am Markt Nr.7, wo heute das Möbelhaus Engelhard zu finden ist. Neben dem Zeitungsbetrieb beherbergt das Gebäude auch das Rachorsche Spezereiwaren-Geschäft und die Rachorsche Auswanderungs-Agentur für die zahlreichen Bewohner, vor allem aus dem Odenwald, die in den USA oder anderwärts einen neuen Anfang wagen wollen. Denn die Auswanderung bleibt nicht nur in Hessen viele Jahrzehnte lang ein möglicher Ausweg aus ungünstigen Verhältnissen in Deutschland. ■

Das Verlagsgebäude am Markt vor der Jahrhundertwende. Hier betreibt Jacob Glässer neben dem Zeitungsbetrieb auch ein Spezereiwarengeschäft und eine Auswanderungsagentur.

Anzeigen spiegeln die Lebensart von damals

Die Zeitung des 19. Jahrhunderts muß man sich im wesentlichen ohne Bilder vorstellen. Fotos in größerer Zahl halten erst in sehr viel späterer Zeit, in den 20er und 30er Jahren des 20. Jahrhunderts, ihren Einzug in die Gazetten. So beschränken sich die Illustrationen auf die Wiedergabe von Zeichnungen oder Stichen, die vorwiegend den Annoncen beigegeben sind. Man will etwas verkaufen und braucht einen Blickfang. So wie es die folgenden Beispiele zeigen:

1862

Supp' Gemüs' und Fleisch.
Ein Kochbuch für bürgerliche Haushaltungen.
10. Aufl. geh. 54 kr. geb. 1 fl. 12 kr.
Zu haben bei J. Nachor in Dieburg.

Zu haben bei J. Nachor in Dieburg:
Prozeß gegen den unterm 5. Febr. 1862 wegen Vergiftung seiner Ehefrau zum Tod verurtheilten Gg. Hch. Jakoby. 2. verm. Aufl. Mit Porträt. Preis 12 kr.

Groß-Umstadt.
Die Menagerie
von **St. Wimmer**,
bestehend aus einer großen Zahl der seltensten und merkwürdigsten Thiere, u. A.: **Panther, Leoparde, Hyänen, Polar- und Eisbären, Baribal, Büffel** aus den Urwäldern Süd-Amerikas, **russischer Wolf, Murmel- und Waschbären, Pisamthieren, Affen, Riesenschlangen** ꝛc. ꝛc.
ist Samstag, Sonntag und Montag dahier aufgestellt.
Hauptsächlich ist zu beachten: **Houngrioa der Aschanti**, ein Mann von 20 Jahren aus der kriegerischen Völkerschaft von Cumassi an der Goldküste Südafrika's, ausgezeichnet vor allen andern Schwarzen und Negern durch interessante Gesichtsbildung und Körperbau.
Von Morgens 9 bis Abends 9 geöffnet.

Ratten und Mäuse werden sicher vertilgt durch ein bei mir vorräthiges bewährtes Mittel à Schachtel 36 und 42 kr.
Wanzentod, ächter kaufassicher, vertreibt Wanzen, Flöhe, Läuse ꝛc. auch von Thieren, in kürzester Zeit à Flasche 24 und 48 kr.
116] **G. A. Gläßer** in Dieburg

Carl Hiemenz, Färber, in **Dieburg,**
beehrt sich, anzuzeigen, daß von jetzt an in seiner **Färberei** auch
seidene Bänder, seidene Kleider,
sowie alle übrigen Stoffe nach Muster sehr schön und dauerhaft und möglichst billig gefärbt und gedruckt werden.

Lebküchler P. Weber I. in **Dieburg,**
Kaufmann Heinrich's gegenüber,
empfiehlt für bevorstehende Christbescheerung seinen großen Vorrath von besten **Lebkuchen** pr. Pfd. 14 kr., **Marzipan** zu 28 und 40 kr., **Annisgebackenes** zu 32 kr., **Mandellebkuchen** zu 24 kr. pr. Pfd., feinen **Schnittlebkuchen** zu 18 kr. pr. Pfd., alle sonstige feine Confect-Waaren zu billigen Preisen.

 Wechsel auf alle Hauptplätze der Vereinigten Staaten Amerika's, in beliebigen Beträgen, Auszahlung in amerikanischer **Goldwährung**, stet zum billigsten Tagescours bei
G. A. Gläßer in Dieburg.

Sicherheits-Zündhölzer
empfiehlt bestens
181] *Louis Köllisch*, Dieburg.

 Dieburg. Eine gebrauchte, noch gut erhaltene Droschke, welche zum ein- und zweispännig Fahren sich eignet, ist zu verkaufen. Nähere Auskunft ertheilt
150] **Uebel**, Verwalter.

Landhonig, besten,
Havannahonig, feinst,
Zuckersyrup, holländischen, ausgezeichneter Qualität, zu den billigsten Preisen bei Darmstadt. **Georg Liebig Sohn,**

Über Liebe und Ehe

Unter verschiedenen Rubriken finden sich im Dieburger Blatt Meldungen, die aus ganz unterschiedlichen Gegenden stammen. Sie betreffen das stets interessierende Thema, wie es mit der Liebe steht - unter dem Aspekt des Kuriosen freilich.

"**Vaumair.** Alte Liebe. Wie das 'Echo de l'Oise' berichtet, hat am 22. Oct. der 78jährige Schuhmacher Rebotte zu Vaumair mit seiner ersten Jugendliebe Hochzeit gehalten, Alte Liebe rostet nicht. Die Braut, Scholastika Lefèvre, zählt erst 82 Jahre, hat erst drei Männer begraben und ist noch so rüstig, daß sie den Ehekontrakt gewiß ohne alles Zittern unterzeichnet haben würde, wenn man sie in ihrer Jugend die edle Schreibkunst gelehrt hätte." (3/68)

„In **Lüttich** wurde am 17. Febr. ein Ehepaar beerdigt, welches schon 61 Jahre verehelicht war und zusammen 170 Jahre zählte. Das Pärchen wurde am demselben Tage krank und starb auch in derselben Stunde." (3/62)

„**Königsberg.** Am 10. Februar trat in der Synagoge zu Königsberg ein christlicher Schneidergeselle zur jüdischen Religion über, um ein hübsches armes Judenmädchen zu ehelichen." ((3/62)

„**Biblis**, 11. Februar...Ein junger Mann von hier, Valentin Marsch, sollte morgen getraut werden. Die nöthigen Vorkehrungen zur Hochzeitsfeier waren bereits getroffen und die Gäste geladen. Die Braut, welche von Gernsheim ist, war schon seit einigen Tagen in dem Hause ihrer zukünftigen Schwiegereltern, um an den Vorkehrungen zur ihrem bevorstehenden Hochzeitsfeste selbstthätig Mithilfe zu leisten. Da klagte plötzlich am Freitag Abend ihr Bräutigam über Unwohlsein, welches sich in kurzer Zeit derart zum Schlimmen wandte, daß ein hinzugekommener Schlaganfall schon nach einigen Stunden seinem hoffnungsvollen Leben ein Ende machte. Da die Beerdigung morgen statthaben soll, so wird sein in Aussicht genommener Hochzeitstag zum Begräbnißtag." (2/77)

„**Vereinigte Staaten.** Die Zahl der Frauen in den Vereinigten Staaten ist im Verhältniß zu anderen Ländern merkwürdig geringer. Während der letzte britische Census...einen Ueberschuß von 877,000 Weibern zeigt, gab es in den Vereinigten Staaten (1860) bei einer Bevölkerung von 31 Millionen 730,000 Männer mehr, als Frauen, trotzdem die Männer dort durch hundert Gefahren decimirt werden, denen die Frauen nicht ausgesetzt sind...In einigen eben erst eröffneten Territorien, z.B. in 'Colorado' kommen 20 Männer auf eine Frau. In einigen östlichen Staaten dagegen überwogen die Frauen. In Massachusetts z. B. gab es 40,000 Frauen mehr, als Männer, weil von dort eine beständige Strömung der Männer nach Westen ausging." (12/62)

„**Altenkirchen.** Dr.W., ein Arzt in Altenkirchen auf der Halbinsel Wittow, 38 bis 40 Jahre alt, unverheirathet, hat sich durch Chloroform um's Leben gebracht, nachdem er seinem Seelsorger gestanden, er habe Mädchen, mit denen er in sexuellem Verkehr gestanden, durch Gift aus der Welt geschafft." (12/62)

Lille. „'Eine recht passende Ehe' ist neulich in Lille vollzogen worden. Unter den Aufgeboten, welche an der Thür des Rathauses angeschlagen sind befindet sich auch Folgendes: 'Herr Pierre Paux, Officier de Sante, im Quartier von Vazemmes und Mademoiselle Felicite, Lelony, Rentiere, Rue de L'Hopital St. Roche.' Der Bräutigam ist sieben und vierzig Jahre alt, die Braut am 7. Mai 1786 geboren, also circa vier und achtzig Jahre alt. Man erzählt bei dieser Gelegenheit, daß die Neffen und Nichten der Braut, welche sich durch diese Heirath einer Erbschaft von wenigstens 300,000 Franken entzogen sehen, sich an das Civiltribunal gewendet haben, um ihre Tante für unzurechnungsfähig erklären zu lassen. Aber eine ärztliche Prüfung habe ergeben, daß sie vollständig bei gesunden Sinnen ist." (2/70) ∎

Die neue Ehestandsdroschke, die man jetzt vielfach in London beobachten kann.

Die preußischen Feinde kommen

Wachsende Kriegsgefahr 1866 zwischen Preußen und Österreich, den beiden großen Mächten im Deutschen Bund. Hessen-Darmstadt steht, wie die meisten deutschen Einzelstaaten, entschieden auf österreichischer Seite. So meldet die Zeitung in Dieburg im März „preußische Einschüchterungsversuche, um Österreich zum folgsamen Diener der bismarckschen Politik herabzuwürdigen". Im Mai kann man lesen, „daß das Berliner Kabinett Krieg will, weil es ihn zur Verwirklichung seiner Vergrößerungs- und Herrschaftspläne braucht".

Preußen unter Bismarcks Leitung strebt in der Tat danach, die alleinige Vormacht in Deutschland zu werden. Mitte Mai beginnen die Vorbereitungen für den Kriegsfall auch im Großherzogtum Hessen-Darmstadt und kündigen sich durch zwei Meldungen an:

„Am 15. Mai haben die Ankäufe von Pferden für das Großh. Militär begonnen. Obgleich der Pferdestand des Landes sich auf 40,000 ...beziffert, wird dennoch gleichzeitig ein Ankauf von Pferden in Ungarn stattfinden."
„Darmstadt, 16. Mai. Soeben ist die vollständige Mobilmachung unserer Armeedivision beschlossen worden. Die Befehle werden alsbald ausgegeben werden."

Im Juni 1866 schließlich fängt dieser Krieg Preußens gegen Österreich tatsächlich an. Alle süddeutschen Staaten stehen auf der Wiener Seite, ferner Kurhessen, Nassau, Hannover... Der Großherzog spricht in einem Erlaß an die „Officiere und Soldaten" davon, daß seine „heißesten Wünsche" die Truppen begleiten, die fest zu ihren Fahnen und Geschützen stehen sollen.
Alle Welt erwartet einen Sieg Österreichs und seiner vielen Verbündeten. Doch kommt es anders. Die Dieburger Leser erblicken schon sehr bald die Worte „Niederlage der Österreicher" in der Zeitung:

„Die Schlacht zwischen Königgrätz und Josephstadt am 3. Juli dauerte den ganzen Tag unter Regenströmen. Nach dem officiellen Bülletin Benedeks an den Kaiser unterliegt es nicht dem geringsten Zweifel mehr, daß die Schlacht eine vollständige und folgenschwere Niederlage der Österreicher bedeutet. Die ganze österreichische Armee und die Sachsen standen in theilweise verschanzter Stellung bei Königgrätz. Anfangs schien die Wendung der Schlacht den Österreichern nicht ungünstig, da machten die Preußen einen, wie es scheint, ganz unvermutheten Flankenangriff..., der die österreichische Armee in vollste Deroute brachte. Sie zog sich flüchtend über die Elbe nach Pardubitz zurück...Ob diese Niederlage der Österreicher der preußischen Übermacht, der fehlerhaften Führung oder der Ueberlegenheit des Zündnadelgewehrs oder allen diesen drei Faktoren zuzuschreiben ist, wird sich bald herausstellen..." (7/66)

In einem Kommentar betrachtet wenige Tage später die Zeitung aus Dieburg mit Wehmut die österreichischen Opfer der Schlacht:

„Nicht die verlorenen Kanonen, nicht die abgeschnittenen und gefangenen Truppenteile sind es, welche wir beklagen, Gefangene werden ausgewechselt oder wieder gegeben, Geschütze werden neu gegossen - aber die Leichenberge, die Fluß und Feld aufweisen, die Tausende und Tausende von Krüppeln, welche mit Wunden bedeckt unter unsäglichen Schmerzen liegen blieben oder meilenweit sich fortschleppten - welche Bilder des Jammers." (7/66)

Mit dieser Schlacht ist der Krieg bereits zugunsten von Preußen entschieden. Bald folgen Waffenstillstands- und Friedensverhandlungen, so daß die Kämpfe der hessischen Truppen bei Aschaffenburg eine untergeordnete Rolle spielen. Für die Stadt Dieburg bleibt das Erscheinen von Einheiten der preußischen Armee das nachdrücklichste Ereignis dieses Krieges. Zuerst als Gerücht und später als Einquartierung:

„Dieburg, 16. Juli. Gestern Nachmittag um 2 Uhr verbreitete sich hier plötzlich mit Blitzesschnelle die Nachricht, es seien Preußen auf dem Anmarsche gegen unsere Stadt. Nach kurzer Zeit erwies sich die ganze Geschichte als blinder Alarm. Heute früh uns gewordene zuverlässige Privatmittheilungen versichern, daß bis gestern Abend auch nicht ein einziger Preuße auf der diesseitigen Mainseite zu sehen gewesen sei."

„Dieburg, 8. Aug. Heute Vormittag ist eine Abtheilung preußischer Infanterie mit klingendem Spiele hier eingerückt und bei den Bürgern einquartiert worden. - Die Stärke der in der diesseitigen Provinz einquartierten preußischen Truppen beträgt 12 Bataillone Infanterie, 5 Schwadronen Reiterei, 6 Batterien Artillerie, 2 Munitions- und 1 Proviant-Colonne und 1 Feldlazareth, zusammen 14.000 Mann mit 1700 Pferden."

Der Friedensschluß nach diesem Kriege bedeutet einen herben Eingriff in die Geschichte der hessischen Staaten. Denn Preußen verleibt sich fast alles ein: das Kurfürstentum Hessen-Kassel, das Herzogtum Nassau und die Freie Reichsstadt Frankfurt. Nur das Großherzogtum Hessen-Darmstadt bleibt bestehen. Es darf sogar seine Provinz Oberhessen im wesentlichen behalten - weil es einen mächtigen Fürsprecher hat, den russischen Zaren nämlich, mit dem der Großherzog verschwägert ist.

Auf diese Weise ist das Großherzogtum mit seiner Residenz in Darmstadt plötzlich das einzige nichtpreußische Gebiet von Hessen - und das fast 100 Jahre lang, bis 1945 das heutige Bundesland Hessen aus der Taufe gehoben wird.

Freilich muß das so gut weggekommene Land 3 Millionen Gulden Kriegsentschädigung an den Sieger zahlen und seine Truppen in die preußische Armee eingliedern. Notgedrungen orientiert man sich in Darmstadt von Wien auf Berlin um: Preußen ist jetzt die Vormacht.

Den Abschluß der Berichterstattung über den „deutschen Bruderkrieg" in der Dieburger Zeitung macht die „Ansprache" des Großherzogs. Die Art der Einleitung durch das Kreisamt und die Redeweise des Regenten im Eingangsteil der Ansprache sind ein Musterbeispiel für obrigkeitliche Selbstdarstellung:

Seine Königliche Hoheit der Großherzog haben, nach hergestelltem Frieden zwischen Hessen und Preußen, bei Allerhöchstihrer Rückkehr in das Großherzogthum eine Ansprache an das Hessische Volk zu erlassen geruht, welche wir hierdurch zur Kenntniß der Bezirksangehörigen bringen.

Dieburg am 19. September 1866.

Großherzogliches Kreisamt Dieburg.

Küchler.

An mein treues Volk!

Die Ereignisse eines Krieges, des traurigsten der gedacht werden kann, weil er ein Bruderkrieg war, hatten mich gezwungen, Mein Land zu verlassen. Aber Mein Herz war stets bei Meinem guten Volke, und alle Drangsale, die Mein Volk zu ertragen, alle Opfer, die es zu bringen hatte in einem Kampfe, den wir für eine gerechte Sache zu führen glaubten, habe Ich auf das Tiefste mit ihm empfunden. Der Friede ist hergestellt und Ich kehre zurück in das Vaterland, mit dem Ich in gegenseitiger Treue verbunden bin.

Wunder und Gefahren der Eisenbahn

Es ist die Eisenbahn, der die Menschheit den Durchbruch zu besseren Verkehrsverhältnissen verdankt. So auch in Dieburg: Im Jahre 1858 geht die Strecke Mainz - Darmstadt - Dieburg - Aschaffenburg in Betrieb. Diese Rhein-Main-Bahn der „Hessischen Ludwigseisenbahn-Gesellschaft" ist es, durch die die Stadt an dem rollenden Wunder des 19. Jahrhunderts teilnimmt.

Eisenbahnfahrplan
aller Bahnen Deutschlands à 6 kr. bei
J. Rachor in Dieburg.

Die Strecke verläuft ziemlich geradlinig. Nur zwischen Darmstadt und Dieburg muß sie den Mainzer Berg umgehen. Und bei Gustavsburg und Stockstadt führen bestaunte Brückenwerke über die beiden großen Flüsse. In Dieburg stehen dem neuen Bahnhof ein paar Häuser im Wege und werden abgerissen. Die Arbeiter erhalten „einen Tageslohn von 40 Kreuzern". (4) Dafür können sie sich damals drei Pfund Brot kaufen - heute die Angelegenheit von vielleicht einer Viertelstunde Arbeit.

Bei der Eröffnung der Bahnlinie schreibt der Starkenburger Provinzial-Anzeiger: „Am 30. Oktober 1858, 11 Uhr vormittags brauste von Aschaffenburg kommend mit einigen Wagen, die mit Eisenbahnbediensteten besetzt waren, die erste Lokomotive bis Dieburg."

Der stolze Fahrplan ist in der Zeitung abgedruckt.

Es bleibt jedoch nicht aus, daß Unglücksfälle drohen oder eintreten:
„Dieburg. Am 16. d. M. Abends hätte der hiesige Bahnhof sehr leicht in Flammen aufgehen können. Einem dort angestellten jungen Manne brannte eine in der Restauration hängende Lampe nicht hell genug und machte er sich eigenhändig an die Verbesserung, wobei er sich aber so ungeschickt benahm, daß die Lampe zur Erde fiel, das aus dem zertrümmerten Bassin ausfließende Petroleum schnell Feuer faßte und sich auf dem Boden ausbreitete. Nur der Geistesgegenwart des dortigen Restaurateurs, welcher sofort die Brandstelle mit Erde beschüttete, ist es zu danken, daß das Feuer nicht größere Dimensionen annahm." (8/71)

„**Dieburg**, 30. August. Gestern Morgens stieß auf der Hessischen Ludwigsbahn der erste, um 1/2 6 Uhr von Darmstadt abgehende Personenzug innerhalb des Rayons des dortigen Bahnhofs auf einen ruhig im Geleise stehenden Güterzug. Einige Personen in jenem Zuge erlitten Contusionen, die übrigen Passagiere kamen mit dem, übrigens nicht geringen, Schrecken davon. Der Zug verspätete sich in Folge dieses Unfalls um etwa zwei Stunden." (9/71)

Und schließlich kann die Eisenbahn auch Anlaß sein zu Straftaten.

„**Bischofsheim**, 24. Jan. Schon seit längerer Zeit wurden auf dem hiesigen Bahnhofe lagernde Güter eines Theils ihres Inhalts beraubt, ohne daß es gelang, den Thäter ausfindig zu machen. Vorgestern Morgen fehlte wieder an einer Sendung Tabaksblätter eine Portion,

Hessische Ludwigseisenbahn-Gesellschaft.
Fahrplan vom 1. April 1862 ab
bis auf Weiteres.
Die Abfahrt der Züge in **Dieburg** findet statt wie folgt:

In der Richtung nach Darmstadt und Mainz	In der Richtung nach Aschaffenburg
8 Uhr 43 Min. Morgens,	7 Uhr 47 Min. Morgens,
12 " 47 " Nachmittags,	9 " 59 " Vormittags,
4 " 7 " "	2 " 4 " Nachmittags,
7 " 9 " Abends.	7 " 19 " Abends.

Mainz im März 1862.

Im Auftrage des Verwaltungsrathes
Der Direktor: **Kempf**.

deren Spur sich vom dem Bahnhof nach dem Stationshause des Weichenstellers durch verlorene Blätter verfolgen ließ. Die daselbst vorgenommene Untersuchung förderte die vermißten Tabaksblätter zu Tage, während sich in der Wohnung des Weichenstellers ein großer Vorrath von Tuch, Seide u.s.w. vorfand. Der Thäter ist verhaftet." (1/70)

„**Dieburg**, 19..Nov. Die Hessische Ludwigs-Eisenbahn-Gesellschaft gibt bekannt: Ab 1. Januar gilt für den Transport von Personen, Reisegepäck, Leichen, Fahrzeugen, und lebenden Thieren im internen Verkehr ein neuer Tarif mit Zusatzbestimmungen zum Betriebsreglement für die Eisenbahnen Deutschlands, welcher auf allen Stationen ausgehängt und daselbst einzusehen ist. Aus reglementarischen Bestimmungen heben wir besonders hervor, daß von genanntem Tage ab auch mit Retourbilleten gegen Visa des Stations-Vorstehers die Reise einmal in jeder Richtung unterbrochen werden darf." (11/73) ■

Vor 140 Jahren fährt der erste Zug im Dieburger Bahnhof ein. Erst einige Jahre nach der Eröffnung der Bahnlinie ist auch das Dieburger Bahnhofsgebäude fertiggestellt. Das Foto stammt aus den ersten Jahren des 20. Jahrhunderts.

Endlich ein Sieg!

1870

Man kann sich denken, daß es im Großherzogtum eine Weile dauert, bis die antipreußische Einstellung einer etwas freundlicheren Beurteilung weicht. Den Umschwung, Preußen zur Seite zu stehen, bewirkt eine auswärtige Macht: Frankreich. Aus der Dieburger Zeitung ist im Juli 1870 zu erfahren, daß die französischen Blätter „in großer Erregung" sind, weil ein „preußischer Prinz" die spanische Krone erhalten soll.

Tage später, nachdem der Erbprinz von Hohenzollern der spanischen Kandidatur entsagt hat, charakterisiert das Blatt diesen Verzicht mit den Worten: „Der von Frankreich an den Haaren herbeigezogene, nichtige Vorwand zu einem Streit mit Deutschland, um den schon lange empfundenen Appetit nach dem linken Rheinufer befriedigen zu können, ist ihm vorläufig benommen."

Der Krieg schließlich, den Frankreich trotz des Verzichts am 19. Juli vom Zaune bricht, treibt die öffentliche Meinung überall in den deutschen Ländern an die preußische Seite. So auch im „Starkenburger Provinzial Anzeiger". Abgedruckt ist ein Tagesbefehl des Großherzogs mit der Schlußformel: „Vorwärts denn mit Gott für Ehre und Vaterland!"

Meldungen „vom Kriegsschauplatz" verkünden die ersten Erfolge. Nachrichten in Fettdruck sprechen von Siegen wie dem von Weißenburg. Verzeichnisse von Verwundeten der unter preußischer Führung fechtenden Großherzoglich Hessischen Division sind abgedruckt sowie „Verlustlisten".

Waffentechnisch interessant ist eine skeptische Betrachtung aus den ersten Kriegstagen über die Wirksamkeit der französischen Mitrailleuse - handelt es sich doch um nicht weniger als die Frühform des Maschinengewehrs:

„Die jetzt vielgenannte französische Mitrailleuse oder Kugelspritze...,von der jedes Infanteriebataillon ein Exemplar mit sich führen soll, kennen wir nicht, um ein Urtheil darüber abgeben zu können. Erfahrene Sachkenner dieser Waffe haben uns aber versichert, das Ganze sei mehr eine Spielerei als für den Krieg von wirklich praktischer Bedeutung, und auch im französischen Heere scheint man vielfach gleicher Ansicht zu sein. Die Mitrailleuse soll schwer zu transportiren und langsam aufzustellen sein, und wo man sie gebrauchen kann, da kann auch ein leichtes Geschütz zur Anwendung kommen, das ebenso schnell und dabei noch sicherer schießt." (8/70)

Schon im September 1870, nach dem großen Sieg bei Sedan und der Gefangennahme des französischen Kaisers Napoleon III., ist der Ausgang des Krieges nicht mehr zweifelhaft. Doch es vergehen noch einige Monate, bis im Januar 1871 in der Zeitung jene Meldung erscheint, die bei den meisten Deutschen großen Jubel auslöst: die Nachricht von der Kaiserproklamation, auch wenn die Wiedergründung des deutschen Reiches keine Tat des Volkes, sondern eine Sache der Fürsten ist:

Versailles, 18. Jan., 12 Uhr Mittags. Die Kaiserproclamirung findet so eben in feierlicher Weise in dem großen Saale des Schlosses statt.

Das Großherzogtum Hessen-Darmstadt ist nun ein Bundesstaat im neuen deutschen Kaiserreich. Wie sehr dieser Sieg über Frankreich auch den hessischen Gemütern wohltut, läßt sich unter anderem deutlich ablesen an überall entstehenden Militär-Vereinen und Veteranen-Vereinen, in denen die Erinnerung an den Erfolg über den früher so oft siegreichen Nachbarn wachgehalten wird. So in Dieburg 1872 bei der Vereinsgründung und später bei zahllosen Anlässen wie des Kaisers Geburtstag.

In Annoncen, wie einige Beispiele zeigen, preisen Verlage eine Unzahl von Büchern an, in denen der Krieg und die Heerestaten festgehalten sind. Das Werk des Militärschriftstellers Franz Maurer, mit dem Titel "Deutsches Heldenbuch", erscheint gar in 16 Bänden. ∎

Aufruf an alle bis jetzt gewesene Militärs von Dieburg!

Auch unsere Vaterstadt ist dem Beispiele anderer Städte sowohl unseres engeren Vaterlandes als ganz Deutschlands gefolgt und hat zur bleibenden Erinnerung an die denkwürdigen Kriegsjahre 1870/71 dahier am 19. Mai einen Verein unter dem Namen:

„Local-Veteranen-Verein"

gegründet. Wir machen deshalb Alle, welche bis jetzt Militär waren, einerlei ob alt oder jung, gesund oder krank, Feldzug mitgemacht oder nicht, mit dem Bemerken darauf aufmerksam, insofern sie gesonnen sind, dem Vereine beizutreten, sich bis zum 16. Juni bei dem Vorstande, bei welchem die Listen zur Unterschrift offen liegen, einzuzeichnen, indem nach diesem Termin **über 40 Jahre alte und kranke Personen keine Aufnahme mehr finden.**

Dieburg am 24. Mai 1872.   **Der Vorstand.**

Extra Blatt.
Starkenburger Provinzial-Anzeiger.

Officielles Telegramm vom Kriegsschauplatz.

Saarbrücken, Dienstag den 9. August, Vormittags 11¾ Uhr.

An den General Hanenfeld.

Das Gefecht am 6. August bei Spicheren unweit Saarbrücken hatte größere Dimensionen und Resultate gehabt, als bisher bekannt gewesen. Das französische Corps Frossard ist in demselben fast gänzlich aufgelöst worden. Die Verluste desselben an Todten und Verwundeten sind außerordentlich bedeutend, das Lager einer Division und verschiedene bedeutende Magazine sind genommen, außerdem ist eine sehr große Anzahl Gefangene eingebracht, deren Zahl sich noch stündlich vermehrt, bis jetzt bereits über 2000. Aber auch der diesseitige Verlust ist sehr bedeutend, bei der 5. Division allein circa 1800 Mann. Die französische Armee weicht auf allen Punkten zurück. St. Avold ist von den diesseitigen Truppen besetzt, Patrouillen streifen bis zwei Meilen vor Metz. Sonst am 9. bis jetzt Nichts Neues von Belang gemeldet.

v. Podbielski.

Soeben erschien in der J. Ebner'schen Buchhandlung in Ulm, und ist von G. A. Gläsfer in Dieburg zu beziehen:

Preis 9 Kreuzer. Auflage 100,000!

Illustrirte Kriegs-Chronik

Mit 6 prachtvollen Farbendruck-Prämien. Schlachtenbilder.

Erscheint in 12—15 reichillustrirten Heften von 24 Seiten größt Quartformat. ☞ Erschienen sind Heft 1 und 2, die übrigen folgen nun regelmäßig: jede Woche 1 Heft.

Der Erfolg dieser billigen Ausgabe, die an Bilderreichthum und brillanter Ausstattung unübertroffen ist und die so recht für das Volk, für Bürger und Soldat, Arbeiter und Bauer, war in ganz Deutschland ein solch rapider, daß in kurzer Zeit eine Auflage von 100,000 Exemplaren erreicht wurde.

Die großen Holzschnitte gehören unter das Gediegenste und Schönste, was die Holzschneidekunst in dieser Richtung geleistet hat und sind fast alle **an Ort und Stelle von den ersten Künstlern Deutschlands gezeichnet worden.**

Der beispiellose billige Preis soll dem Unternehmen einen ganz außergewöhnlichen Absatz sichern.

Colporteure erhalten besondere Vortheile.

Amüsantes aus dem Gerichtssaal

Unter verschiedenen Überschriften begegnen dem Leser immer wieder Nachrichten und kleine Berichte, die durch die Atmosphäre von Prozessen und Gerichtsurteilen Interesse erwekken oder nichts weiter beabsichtigen als eine kleine Heiterkeit. So auch in der Dieburger Zeitung:

„Darmstadt. (Bezirksstrafgericht.) Eine schlecht beleumundete wegen Diebereien sattsam bekannte Person ist die Marg. Wörtche von Reinheim. Sie entledigt einem französischen Kriegsgefangenen, der gerade bei Feldarbeit beschäftigt war und seine Effecten in ein Gartenhäuschen gelegt hatte, seiner sämmtlichen Habseligkeiten, deren Werth übrigens sehr gering war. Sie erhält eine Strafe von 3 Monat Gefängniß."

"Klein-Steinheim. Ein Act ganz ordinärer Bosheit spielte zu Anfang d. Js. zu Klein-Steinheim. Anna M. Weitz das. war mit einem braven Burschen verlobt und hatten beide Alles zur Verheirathung vorbereitet, als dem Bräutigam plötzlich anonym ein Schreiben zuging, worin die Braut als ein total verworfenes Subjekt geschildert und er vor derselben gewarnt wird. Die Folge dieses Schreibens war, daß das fragl. Verlöbniß, abgesehen von dem in dem betr. Ort angeregten Geschwätz, bis auf den heutigen Tag noch nicht zum Vollzug gekommen ist. Die geführte Untersuchung und die von den beiden Lehrern Rach und Simrock zu Groß-Steinheim sehr ausführlich ausgeführte Handschriftenvergleichung ergab, daß kein anderer, als der Stiefbruder der Braut, Johann Adam Neeb von Groß-Steinheim, diesen boshaften Act ausgeführt hatte. Er erhält eine Strafe von 14 Tagen Haft. -

Die Ehefrau des Ph. Wagner von Reinheim, die eine bejahrte Schöne „alte Schachtel" titulirt hatte, büßt dies mit 2 Thlr. -
Ein 18jähriger Scribent des Hofadvokaten Lindt in Darmstadt, der demselben nach und nach 600 bis 700 fl. gestohlen hatte, wandert auf 1 Jahr in's Gefängniß." (9/71)

„Kornneuburg. Vor dem Kreisgericht in Kornneuburg war eine Schlußverhandlung anberaumt, zu welcher zwei der wichtigsten Zeugen nicht erschienen waren, weshalb die Verhandlung vertagt werden mußte: Auf eine Zuschrift des Kreisgerichts antwortete die Heimathbehörde dieser beiden Zeugen, daß in dem Ausbleiben derselben von der Schlußverhandlung keine Renitenz zu finden sei, vielmehr müsse deren Wegbleiben als vollkommen gerechtfertigt angesehen werden. Der Eine, so heißt es wörtlich in der Zuschrift, sei todt, und der Andere ist eingesperrt, weil er eben den Einen erschlagen hat." (2/70)

„Frankfurt. Vor 16 Jahren wurde einer hiesigen Familie eine Anzahl Koffer mit verschiedenem Werthinhalte von einem Franzosen zur Aufbewahrung übergeben. Als selbige...von hier wegzog, überlieferte sie das ihr anvertraute Gut ihrer Köchin, welche sich inzwischen verheirathet hatte, zur ferneren Aufbewahrung. Der frühere wie der jetzige Wächter der Koffer dachten gewiß nicht daran, daß sich noch Jemand zur Empfangnahme derselben melden würde, als dieser Tage ein französischer Anwalt erschien und die Objecte reclamirte. Die Behälter waren zwar noch da, aber die Sachen nicht mehr; namentlich aber interessierte den Anwalt ein leerer Koffer, dieser machte es zum Gegenstand einer eingehenden Untersuchung, er drückte an einer Feder und es öffnete sich der Boden, auf welchem ein großer Schatz in Werthpapieren, Silber und Gold verborgen war. Freudig nahm er dasselbe an sich. Ueber den Verbleib des Inhalts dieses und der andern Koffer ist nun eine gerichtliche Untersuchung anhängig." (10/71)

„**Lawrence.** Sport und Frömmigkeit. Als in Lawrence, Kansas, neulich Sonntags der würdige Geistliche von der Kanzel aus seine gläubige Gemeinde mit donnernder Mahnung aus ihrem Sündenschlaf aufzurütteln suchte, entspann sich auf dem Kirchhofe ein Hahnenkampf, welcher alsbald die allgemeine Aufmerksamkeit auf sich zog. Die Gläubigen schlichen einer nach dem andern hinaus angeblich um dem Unfug zu steuern, aber keiner kehrte wieder und der würdige Pfarrer war allein. Um die Sache kurz zu machen, schloß er seine Predigt, in dem er zum Fenster hinaus rief: 'Wir sind alle elende Sünder...welcher hat gewonnen?' Also weiß man in dem gesegneten Kansas Sport mit Frömmigkeit zu vereinigen." (9/71) ∎

Großbrand zerstört Darmstadts Hoftheater

1871

Selten ist eine Meldung so lang und so eindringlich wie die über den verheerenden Brand von 1871, durch den der große klassizistische Theaterbau in Darmstadt, ein Werk des Architekten Moller, eingeäschert wird. Der in Dieburg abgedruckte Bericht kommt aus Darmstadt:

„25. October, 7 Uhr Morgens. Seit manchem Jahrzehnt mag unsere Stadt keinen Abend erlebt haben, wie den gestrigen. Unser prachtvolles Hoftheater, der Stolz der Stadt, der Anziehungspunkt der näheren und weiteren Umgebung wurde an ihm in wenigen Stunden ein Raub der Flammen. Heute sehen wir nur noch vom Brand geschwärzte Mauern und Schutthaufen dazwischen, in denen die mörderische Flamme glimmt, an der Stelle, an welcher sich eines der schönsten Bauwerke unserer Residenz erhob. Wie das Feuer ausbrach, noch läßt es sich nicht bestimmt sagen. Glaubwürdige Personen wollen bemerkt haben, daß es zufolge der Gasflammen am Rande der Bühne, welche den Zwischenaktsvorhang ergriffen hätten, ausgebrochen sei, Andere, daß es zuerst in der nach dem Hühnerhofe zu gelegenen Ecke des Speichers über der Bühne ausgebrochen sei, wieder andere geben an, daß die in dem Theatergebäude eingeführte Luftheizung den Ausbruch des Brandes verschuldet habe.

Man war bereits mit den Vorbereitungen zu dem Lustspiel „Pechschulze" beschäftigt, es mochte dreiviertel auf fünf Uhr sein, als der Feuerruf aus dem Theatergebäude erscholl. Die ersten Beobachter sahen eine sich mit der Schnelligkeit eines Kraterausbruchs vergrößernde Rauchwolke aus dem Dache des Gebäudes herausquellen, wie ein schwarzer Nebel legte sie sich über die benachbarten Straßen. In der größten Eile waren die erschreckten Bewohner, die Feuerwehr- und Löschmannschaften nach dem Orte des Brandes gestürzt, aber fast noch schneller lohte schon die Flamme, den Rauch verscheuchend, empor. Mit solcher Raschheit verbreitete sich das gefährliche Element, daß an eine Bezwingung desselben nicht zu denken war; gleichwohl geschah das Möglichste zur Zurückdrängung des Brandes, aber die Anstrengungen konnten erst nach einigen Stunden, als das Feuer schon nachließ, Erfolg haben. Eine Hauptaufgabe der Feuerwehr war, die Bewachung des benachbarten Zeughauses vor dem Umsichgreifen des Brandes...

Die Militärbehörde ließ dasselbe sofort ausräumen, der Ernst-Ludwigsplatz und der Louisenplatz waren in Folge hiervon von Geschützen und Munitionswagen bedeckt. Grauenvolle Lichter warfen die Flammen des brennenden Theaters über die umgebenden Plätze und Straßen, von denen aus eine große Menschenmenge betrübter Zeuge des Untergangs des Bauwerks war; bis auf ziemliche Entfernung war Tageshelle verbreitet, in den entlegensten Theilen der Stadt war der Feuerschein sichtbar. Erst nach mehreren Stunden begann die Wuth der Flammen nachzulassen, und erst von da an konnte die menschliche Hand mit einiger Wirkung in den Brand eingreifen.

Welchen Schaden derselbe verursacht hat, was gerettet werden konnte, läßt sich im Augenblick nicht übersehen, vieles Mobiliar konnte in der ersten Zeit nach dem Ausbruche des Feuers in den benachbarten Theaterhof und auf die Straße geschafft werden, Wie verlautet, soll ein Menschenleben verloren gegangen sein, der Lampenanzünder Mütz, der bis zuletzt im Löschen thätig war und sich nicht mehr retten konnte.

Morgens, 9 Uhr...Das Feuer soll beim Anzünden der Gasflammen auf dem Schnürboden entstanden sein. Beim

**Theaterbrand in Darmstadt
Litho von C. Beyer,
um 1871**

Aufräumen des Schuttes hat man die fast ganz verkohlte Leiche des Lampenanzünders Mütz gefunden.

Bei dem Theaterbrande schwebte die Neustadt in einer großen Gefahr, von welcher nur die Wenigsten die leiseste Ahnung hatten. Etwa 200 Meter westlich von der Brandstätte befindet sich nämlich ein sehr bedeutendes Petroleumlager einer bekannten Firma, deren Fahrlässigkeit so weit ging, daß eine Menge Petroleumfässer im Hofe lagerten. Der Wind trieb nun unaufhörlich glühende Kohlen westwärts über die Stadt und eine Menge derselben fielen auch in dem bewußten Hofe auf die dort gelagerten Fässer nieder, so daß es wirklich Wunder zu nehmen ist, daß wir vor dem fürchterlichen Unglück eines großartigen Petroleumbrandes bewahrt blieben."

Die „Chronik Hessens" berichtet noch von der Behinderung der Löscharbeiten durch Schaulustige und davon, daß die Entfernung von Geschützen und Munition aus dem bedrohten Zeughaus eine „Katastrophe" verhindert habe. Wenn auch dieser Brand für die damalige Zeit ein schreckliches Ereignis ist, so ahnt niemand, daß im Zweiten Weltkrieg viel, viel umfangreichere Brände die ganze Darmstädter Innenstadt einäschern werden einschließlich des 1879 wieder aufgebauten Theaters. ∎

Dieburg im Kulturkampf

Die bejubelte Reichsgründung ist noch nicht lange vorbei, da kommen auf die Stadt Dieburg und ihre Zeitung schwere Jahre zu. Das hängt zusammen mit dem sogenannten „Kulturkampf", einer Richtung der preußisch-deutschen Politik unter Bismarck, die der katholischen Kirche feindlich gegenübersteht. Nach außen geht es dabei, so beschreibt Hagen Schulze die Lage, „um die Frage der staatlichen Schulaufsicht und die Besetzung der Pfarrstellen". In Wirklichkeit aber stören den neuen Einheitsstaat die „politischen Eigentendenzen des deutschen Katholizismus". (6)

1877 Es handelt sich um den Zusammenstoß zwischen den liberalen Kräften und der katholischen Kirche, die sich an dem gerade verkündeten Unfehlbarkeitsdogma des Vatikanischen Konzils gestärkt hat.

Wenn auch die staatlichen Maßnahmen im Großherzogtum etwas milder durchgeführt werden als in Preußen, so treffen sie doch die Stadt Dieburg sehr empfindlich. Denn sie besitzt - im Gegensatz zu den meisten Teilen des Landes - eine ganz überwiegend katholische Bevölkerung, hat sie doch etliche Jahrhunderte zum Erzbistum Mainz gehört. Aus diesem Grund weichen auch alle Wahlergebnisse in der Stadt sehr deutlich vom Landesdurchschnitt ab.
Plötzlich darf das Bischöfliche Knabenkonvikt, 1869 unter Jubel eröffnet und schnell aufgeblüht, ab 1875 keine Schüler mehr aufnehmen und wird „leer". (7)

Und den Kapuzinermönchen, die nach jahrelangen Kämpfen mit den Behörden 1868 im Minnefeld wieder eine Behausung und eine neue Klosterkirche zur Verfügung haben, wird ab 1874 „die Aufnahme neuer Mitglieder verboten". (8)

Doch auch die katholische Kirchengemeinde bekommt die feindlichen Gesetze des „Kulturkampfes" zu spüren. Als 1877 der Pfarrer und Dekan Goy stirbt, darf kein neuer Pfarrer eingestellt werden: die Landesregierung verweigert die Zustimmung. Die Kapuziner wiederum dürfen nicht helfen und „weder in der Pfarrkirche noch in der Wallfahrtskapelle Seelsorge ausüben". Zehn Jahre lang bleibt dieser Zustand erhalten, zeitweise mit einem Kaplan als Pfarrverwalter. (9)

Aus dem linksrheinischen Hessen übernimmt die Zeitung eine Meldung, die einen Überblick über die Bedrängnisse im Großherzogtum vermittelt:
„**Rheinhessen**, 18. Juli. Von den 154 katholischen Pfarreien des Großherzogtums sind 11 (Geinsheim, Hofheim, Dieburg, Unterschönmattenwag, Bürgel,

1875 nimmt das Dieburger Knabeninternat keine Schüler mehr auf. Im Jahr darauf wird das Haus geschlossen

Castel, Büdesheim, Freilautersheim, Niedersaulheim, Budenheim und Pfeddersheim) ganz unbesetzte, in Hesselbach, Weiskirchen und Heppenheim fungiren Pfarrverwalter. Seit dem 1. Juli 1875, dem Tage der Herrschaft der neuen Kirchengesetze, ist keine Ernennung, Beförderung oder Versetzung innerhalb der katholischen Kirche in Hessen mehr erfolgt. An Pfarrstellen, an welchen Capläne fungiren, pastoriren diese nicht unangefochten von der Staatsgewalt weiter, bei anderweiten Vacanzen hilft die benachbarte Geistlichkeit in der Seelsorge aus.

Die Knabenconvikte zu Mainz und Dieburg sind den Kirchengesetzen zum Opfer gefallen, das bischöfliche Clerikalseminar in Mainz ist auf den Sterbe Etat gesetzt, da es seit 1875 keine Zöglinge mehr aufnehmen durfte. Die Mitglieder der Orden und ordensähnliche Congregationen sind von allen öffentlichen Schulstellen entfernt. Die Zahl der gerichtlichen Proceduren gegen Mitglieder des katholischen Klerus ist, wenn auch bedeutend genug, doch immerhin verhältnismäßig schwächer als in Preußen, da im Gegensatz zu den preußischen Maigesetzen die hessischen Aprilgesetze keinen Zwang gegen die bischöfliche Verwaltung zur Besetzung vacanter Stellen statuiren." (7/77)

Schließlich kommt es zu einem politischen Kuriosum in Dieburg, das nur durch diese gespannten Zeitumstände zu verstehen ist. Die Gegnerschaft gegen die Nationalliberalen und ihren Kulturkampf ist so groß, daß bei der Reichstagswahl, nachdem der katholische Kandidat im Wahlkreis keine Chance mehr hat, in der Stichwahl eher noch ein Sozialdemokrat in Frage kommt. Die Empfehlung in der Dieburger Zeitung lautet:

„...Zwar sind die Grundsätze der Sozialdemokratie nicht weniger gefährlich als jene des Nationalliberalismus, allein da es sich gegenwärtig hauptsächlich um Stärkung der Opposition handelt, so ist die Wahl Liebknecht's von zwei Uebeln jedenfalls das kleinere". (1/77)

Bei der Wahl von 1877 gelingt das Kunststück noch nicht, aber vier Jahre später zieht bei etwa gleicher Konstellation Liebknecht mit den Dieburger Stimmen für den Wahlkreis Dieburg-Offenbach in den Reichtag ein! Es handelt sich dabei um Wilhelm Liebknecht, den Vater des 1919 ermordeten Karl Liebknecht. Ein klarer Beleg für den übergroßen Verdruß der bedrängten katholischen Bevölkerung ∎

Allgemeiner Anzeiger.

Bischöflich. Knabenconvikt in Dieburg.

Zu den am 4. September, Vormittags 8 Uhr für die Sexta, Nachmittags 2 Uhr für die Quinta, und am 5. September, Vormittags 8 Uhr für die Quarta, stattfindenden Jahresprüfungen beehrt sich, die Eltern der Zöglinge, sowie alle Freunde der Anstalt hiermit einzuladen.

Anmeldungen für das neue, im Oktober beginnende Schuljahr, mit welchem die Tertia eröffnet wird, werden baldigst erbeten.

Dieburg, den 29. August 1871.

L. Erler,
Domcapitular und Rektor.

13 Jahre lang stehen auch die Speiseräume im Knabenkonvikt leer, bis 1889 wieder Leben in die Räume einzieht

Auch die Zeitung gerät in Bedrängnis

In der Dieburger Zeitung, die sich in den sechziger Jahren erfreulich entwickelt hat, gibt Georg Adam Glässer 1872 seine Tätigkeit als Redakteur auf, weil er zum Bürgermeister gewählt wird - gewiß auch eine Ehrung für das Blatt und den Verleger Jakob Rachor, die sich allesamt in der Stadt Achtung und Ansehen verschafft haben. Glässer wird nach seiner Wahl „von seiten der Bürgerschaft und der hiesigen Vereine eine Ovation gebracht. Ein ziemlich langer Zug, mit Papierfackeln geschmückt, bewegte sich unter Musikbegleitung nach der Wohnung des neuen Bürgermeisters." (10)

> **Abonnements-Bestellungen**
> auf den „Starkenburger Provinzial-Anzeiger" per 2. Quartal 1873 werden fortwährend von allen Postanstalten resp. Postboten und Briefträgern gegen Vorausbezahlung von 28 kr. angenommen. Neu hinzutretende Abonnenten erhalten die in diesem Quartal erschienenen Blätter nachgeliefert.
> **Die Expedition**
> des „Starkenburger Prov.=Anz."

Doch bald bekommt auch die Zeitung die feindliche Haltung zu spüren, die in der Zeit des „Kulturkampfes" all denen gilt, die mit der katholischen Kirche in irgendeiner Weise sympathisieren.
Der schlimmste Schlag trifft den „Starkenburger Provinzial-Anzeiger" gleich zu Beginn der in Dieburg fühlbaren Maßnahmen, 1874. Zu dieser Zeit leitet - nach Glässer und Schmidt - August Teck die Redaktion.
Das Unheil geht von einem Artikel aus, den der Bürgermeister von Oppenheim der Zeitung zusendet. Es ist ein Schriftstück mit einer „katholikenfeindlichen Tendenz" (11), so daß Jakob Rachor, der Verleger, die Übernahme in das Blatt verweigert. Die Folge: Rachor muß vor dem Kreisrat Hallwachs erscheinen und bekommt zu hören, er solle entweder den Artikel aufnehmen oder den Redakteur entlassen, sonst würden der Zeitung die amtlichen Bekanntmachungen entzogen.
Rachor aber läßt sich nicht einschüchtern, ist doch sein Blatt das Sprachrohr für die katholusche Bevölkerung und orientiert sich an den entsprechenden Hauptorganen in Deutschland und den (späteren) Pressediensten. Er bekennt sich mit den Worten: „Ich bin katholisch und bleibe katholisch!" und verliert tatsächlich die Genehmigung, die amtlichen Mitteilungen weiterhin zu drucken! (12)

Was Rachor nicht wissen kann: Die Eigenschaft, Kreisblatt zu sein, geht dem „Anzeiger" nicht nur für ein oder zwei Jahre verloren, sondern für mehr als ein halbes Jahrhundert! Bis 1927 dauert dieser sonderbare Zustand, daß das Kreisamtsblatt nicht in der Kreisamtsstadt gedruckt wird. Stattdessen kommt der „Odenwälder Bote" in Groß-Umstadt in den Genuß dieser angenehmen Funktion - eine Entscheidung, die ebenfalls Züge der politischen Auseinandersetzungen trägt. Denn das Groß-Umstädter Blatt steht unter der Leitung des liberalen Landtagsabgeordneten Jakob Lautz, der sich die Ziele des kulturellen Kampfes „fanatisch" zu eigen macht. (13)

Es kommt zu einem scharfen Konkurrenzkampf zwischen den beiden Blättern, der nicht immer ganz fair geführt wird.
Man kann sich vorstellen, daß Verbitterung in der Dieburger Redaktion herrscht, zumal die vom Kulturkampf beflügelte antikatholische Richtung vieler Zeitungen so manche Blüte treibt. Alles wirklich oder angeblich Negative über die Kirche und insonderheit die Geistlichen ist ein willkommener Anlaß für eine möglichst herabsetzende Berichterstattung.

Verständlich, daß „Preußen" für den „Anzeiger" wieder ein Reizwort wird und daß jede „Machterweiterung des Großpreußentums" als Ärgernis empfunden wird („Rückblicke auf das Jahr 1876"). Den Unwillen darüber spürt man bei mancher Meldung in Form von Spott:
„**Dieburg**, 7. Februar. Das preußische Abgeordnetenhaus hat einem tiefgefühlten Bedürfniß Rechnung getragen, indem es in seiner gestrigen Sitzung die geforderten 4 Millionen für Errichtung

einer Trophäensammlung der preußischen Armee, auch 'Ruhmeshalle' genannt, nach einigen obligaten Debatten bewilligte. Unter Allem, was dabei an patriotischen und unpatriotischen Phrasen geleistet worden ist, verdient eine Redeblume, mit welcher der 'national-liberale' Abg. v. Benda sich und seine Partei schmückte, am meisten unsere Bewunderung; sie lautet:

'Meine Herren, nehmen sie die Vorlage unverändert an. Schlagen Sie auch Ihre finanziellen Bedenken nieder und seien Sie überzeugt, der preußische Staat ist reich genug, trotz der jetzigen wirthschaftlichen Crisis, seinem Kriegsruhm ein Denkmal zu setzen.'" (2/77)

Andererseits gilt in diesen gespannten Jahren der angegriffenen Kirche eine besondere Zuneigung:

„**Dieburg**, 4. Juni. Auch in hiesiger Gemeinde ist gestern das 50jährige Bischofsjubiläum des Papstes mit aller Freudigkeit begangen worden. Die Beteiligung an der kirchlichen Feier, insbesondere der Empfang der Sakramente, war überraschend groß. Aber auch die äußere Feier war nach den Verhältnissen eine glänzende zu nennen. Schon am Morgen verkündeten Böllerschüsse, Glockengeläute und Choräle, durch einen Musikchor vom Kirchthurme herabgeblasen, auch nach Außen die Festlichkeit des Tages. Die meisten Häuser waren mit Kränzen und Fahnen geschmückt und am Abend prächtig illuminirt...Der ganze Verlauf des Festes war ein Beweis, daß die Liebe und Anhänglichkeit zum Papste, als dem Oberhaupt der Kirche, auch bei den hiesigen Katholiken eine aufrichtige und innige zu nennen ist." (6/77)

Einen weiteren Höhepunkt erreichen die behördlichen Maßnahmen gegen die Dieburger Zeitung, als es gegen Ende der siebziger Jahre, in denen Eduard Ernst Kadler Redakteur ist, durch das Ortsgericht zu einer Haussuchung kommt. Anlaß ist ein - wie sich später herausstellt - dem Berliner „Vorwärts" entnommener Artikel, gegen dessen Inhalt eine Beleidigungsklage anhängig ist. Der Prozeß endet mit einer 6wöchigen Gefängnisstrafe für Kadler, der anschließend nach Prag übersiedelt.

Änderungen im Personal ergeben sich mehrfach in den Folgejahren, die immer noch, wenn auch in abnehmendem Maße, von kulturkämpferischen Tendenzen geprägt sind. Nach dem Tod des Gründers Jakob Rachor im Jahre 1879 übernimmt die Geschäftsleitung zunächst die Witwe Josephine Rachor und nach ihrem Tod (1883) Jakob Josef Glässer, der Enkel, bis das Blatt in die Hände der Geistlichkeit übergeht.

Am Redaktionstisch sitzt von 1879-85 Karl Jos. Beck. Ihm folgt Georg Adam Glässer, der nach 13 schweren Jahren an der Spitze des Magistrats, umgekehrt wie 1872, das Amt des Bürgermeisters wieder gegen das des Zeitungsmannes eintauscht. Mit ihm endet die lange Zeit, in der die Familie Rachor-Glässer die Dieburger Zeitung begründet und als „Starkenburger Provinzial-Anzeiger" über kritische Jahre hinweg am Leben erhält. ∎

Mitbürger.

Allenthalben rüsten sich die katholischen Gemeinden, das fünfzigjährige Bischofsjubiläum unseres hl. Vaters Pius IX. so feierlich als möglich zu begehen. Mitbürger! Wir dürfen und wollen nicht zurückbleiben. Ebendeßhalb erlauben wir uns, Euch freundlichst aufzufordern, am nächsten Sonntag Euere Häuser — auch in jenen Straßen, durch welche die Procession nicht geht — zu zieren und beim Eintritte der Nacht dieselben zu illuminiren. (524

Mehrere Bürger von Dieburg.

Hitze und Kartoffelkäfer

Nachrichten über Kapriolen des Wetters sind natürlich in vielen Jahrgängen der Dieburger Zeitung zu finden. Mal toben Gewitter, mal gerät der Wein nicht gut:

„**Dieburg**, 1. Sept. Das Gewitter gestern Morgen hat den Stadtgerichtsdiener Gans von Darmstadt, der sich eben in der Küche am Herd seinen Kaffee einschenken wollte, erschlagen, ein nach Darmstadt wanderndes Landmädchen betäubt und in der Gasfabrik einen nicht ganz unbedeutenden Schaden hervorgerufen. Auf der Arheiliger Chaussee wurde ein Mann und das Pferd, auf dem er saß, getödtet." (9/71)

„**Aus Rheinhessen.** Die Herbstaussichten sind trübe, die Oesterreicher und Portugieser sind noch nicht mürbe. Auf das feine Rieslingbouquet werden wir allem Anschein nach heuer verzichten müssen. In Folge dieser trüben Aussichten und des zu hoffenden geringen Ertrages gehen die Weinpreise auch sehr in die Höhe.
Die Ohm gewöhnlicher Tischwein, welcher vor 3 Wochen noch zu 40-42 fl. verkauft wurde, kostet jetzt schon 48-50 fl..." (9/71)

Ein andermal schenkt das Blatt dem Thema Hitze besondere Aufmerksamkeit, nennt entsprechende Klagen „ein stehendes Thema" und führt aus:
„Wir sind ja ein nervöses Geschlecht, das nicht viel ertragen kann. Unsere Väter waren in solchen Dingen gleichmütiger, weil sie nicht so sehr mit den Nerven zu kämpfen hatten. Von heißen Tagen vermelden die Chroniken u. a.: Im Jahre 1000 nach Christus, als man, gestützt auf eine unrichtig gedeutete Bibelstelle, das Ende der Welt fürchtete, trocknete die Hitze Seen, Flüsse und Bäche aus. Die Fische starben und ihre Fäulnis rief die Pest hervor. Im Jahre 1232 war die Hitze so groß, daß man die Eier im Sande kochen konnte. Im Jahre 1420 entzündeten, wie eine Chronik des Klosters Melk meldet, die Sonnenstrahlen die Stroh- und Schindeldächer. 1616 war die Erde brennend heiß, sodaß die Ernte mißriet. Merkwürdig früh trat die Hitze im Jahre 1625 auf, nämlich im Februar, sie hielt bis zum Mai an, der Juni war dagegen kalt wie ein Wintermonat..." (7/00)

Einer der auffälligsten Beiträge zum Thema Natur und Landwirtschaft ist ein langer Bericht über den heute leider wohlbekannten Kartoffelkäfer. Schon in den siebziger Jahren des 19. Jahrhunderts also wird er gesichtet (und natürlich bekämpft) und wegen seiner amerikanischen Herkunft auch „Colorado-Käfer" genannt. In dem Artikel heißt es nach einer sehr genauen Beschreibung des Käfers und der Larven warnend:
„Das Weibchen legt 700 bis 1200 dunkelorangegelbe Eier in Klumpen von 12 bis 13 auf die untere Seite der Blätter. Im Verlaufe von 5 bis 6 Tagen, je nach dem Wetter, entschlüpfen die Anfangs schwärzlichen, dann dunkelrothen und später nach ungefähr 14 Tagen orangegelben Larven mit schwarzen Punkten dem Ei und beginnen ihr Werk der Zerstörung, welches circa 17 Tage dauert. Alsdann ziehen sich dieselben unter die Erde zurück, um sich zu verpuppen. Nach 10 bis 15 Tagen erscheint das vollkommene Insect, und das Legen der Eier beginnt von Neuem. So folgen im Laufe des Sommers drei Bruten nacheinander. Die Larven der dritten Brut verpuppen sich im Herbst in der Erde und überwintern, um mit Beginn des Frühlings wieder als Käfer über die jungen Kartoffelpflanzen herzufallen."
Der Artikel errechnet dann bei einem Ausgang von 100 Weibchen innerhalb eines Jahres eine mögliche Vermehrung, die in die Milliarden geht, und nennt als Gegenmittel Spritzen mit Pariser Grün, Anbau von Hanf zur Vertreibung, den Marienkäfer als Feind und eigenartigerweise den Pfau. Der Schluß lautet:
„Durch den vorstehenden illustrirten Steckbrief glauben wir unseren Lesern den Coloradokäfer so genügend gekennzeichnet zu haben, daß sie ihn wohl sofort erkennen werden, falls derselbe irgendwo auftaucht. Wünschen und hoffen wir aber, daß uns das kleine gefräßige Ungeheuer nicht weiter heimsuche." (7/77)

Ordnung muß sein, Lohn aber auch

„**Dieburg**...Heute morgen, als unser hochwürdiger Herr Kaplan zur Frühmesse ging, begrüßten ihn einige Bummler mit den Worten 'Guten Morgen Pfaff'. Solche Rohheiten sind bis jetzt in Dieburg noch nicht vorgekommen..." (2/93)

„**München,** Das Züchtigungsrecht der Lehrer betreffend, hat der Münchener Verwaltungsgerichtshof folgende Entscheidung getroffen: Der Lehrer ist zur Vornahme empfindlicher körperlicher Züchtigung, und zwar sowohl bei Schülern einer anderen als auch bei solchen seiner eigenen Klasse absolut berechtigt. Da das Verhalten der Schüler auch außerhalb der Schule der Schulzucht unterliegt, so darf die Züchtigung seitens des Lehrers selbstredend auch außerhalb der Schullokalitäten stattfinden. Das gleiche Recht hat auch der Geistliche in seiner Eigenschaft als Religionslehrer. Die Schulzucht kann nur dann Gegenstand eines gerichtlichen Verfahrens werden, wenn eine wirkliche oder wesentliche Verletzung des Schülers stattgefunden hat..." (4/00)

„**Dieburg**, 23. April. Wegen nicht genügender Reinigung der Schullokalitäten mußte in der Knabenschule heute Morgen der Unterricht ausgesetzt werden. Der Schmutz lag auf Bänken und sonstigem Schulgerät so dick, daß sich die Kinder weigerten, mit ihren sauberen Kleidern sich zu setzen. Es blieb nichts übrig, als die Kinder nach Hause zu schicken. Es ist eine ungemeine Rücksichtslosigkeit gegen Lehrer, Geistliche und die Kinder, ein solch' unreinliches und gesundheitsschädliches Lokal zum Aufenthalt anzubieten. Auch für gewöhnlich ist die Reinigung der Schulsäle eine höchst ungenügende. Das Wohl der Kinder, deren Gesundheit auf dem Spiele steht und bei denen es sehr notwendig ist, daß sie in der Schule zur Reinlichkeit erzogen werden, und auch die Rücksicht auf die Lehrer dürfte eine Besserung bezüglich der Reinigung der Unterrichtssäle als dringend notwendig erscheinen lassen." (4/00)

„**Darmstadt**...Besonders handelt es sich um die Sauberkeit der Backstätten, resp. den Unfug, daß Bäckergesellen bei dem leider in den meisten Fällen nachgewiesenen Mangel geeigneter, von den Meistern zu gewährenden Schlafstellen die Backmulden als solche und die bei dem ausgetragenen Brod benutzten Decken zugleich als Körperdecken benutzen... Appetitliche Gemüther haben sich alsbald zu dem hier schon viel benutzten Maschinen-brod gewandt, eine Sinnesänderung, von der die betreffenden Fabriksherren am meisten erbaut sein werden." (3/77)

„**Mainz**, 24. Jan. Ein Maurer aus Frankfurt, der hier bei einem Bauunternehmer beschäftigt ist, hat bei der Kabellegung auf der Rheinstraße für 300 M. Cement formplatten zertrümmert, weil er entlassen worden ist." (7/97)

„**Mainz**, 14. April. Der Ausstand der Tüncher ist nach einer Dauer von sechs Wochen beendet; die bewirkte Lohnerhöhung beträgt 15 Prozent, der Mindestlohn 42 Pfg., für jugendliche Arbeiter 30 Pfg. stündlich. Die Arbeit wird am Dienstag wieder aufgenommen..." (4/00)

„**Aus dem Kreise Dieburg,** 14. April. Eine früher sehr blühende Industrie scheint in unserer Gegend auf den Aussterbeetat gesetzt zu sein. Es ist dies die in vielen Orten unseres Kreises ehemals so lebhaft und gewinnbringend betriebene Häfnerei. Verschiedene Umstände sind es, die diesem Erwerbszweige den Untergang zu bereiten scheinen.

Ein braver Junge kann die **Buchdruckerei** erlernen in der Buchdruckerei der „**Starkenburger Provinzial-Zeitung.**"

Das billige Emailgeschirr verdrängt immer mehr die Thonwaren vom Markte und drückt naturgemäß auch sehr stark auf den Preis derselben. Dazu kommt der große Mangel an Arbeitskräften und vor allem die enorme Verteuerung der Holzpreise...Dazu kommt der große Aufschlag für Bleierz, das zur Glasur in großen Mengen nötig ist, und trotzdem sinken die Preise für Thonwaren immer mehr. Es ist daher nicht zu verwundern, daß eine Häfnerei nach der andern eingeht und es namentlich an jungem Nachwuchs fast gänzlich fehlt. Die erwachsenen Söhne gehen lieber in eine Fabrik, als daß sie sich Tag und vielfach auch die Nacht hindurch für elenden Verdienst bei ungesunder Arbeit abplagen." (4/00) ∎

Ludwig III., Großherzog von Hessen und bei Rhein ꝛc. †.

In voriger Nr. dieser Blätter wurde bereits telegraphisch die tiefbetrübende Nachricht mitgetheilt, daß Seine Königliche Hoheit der Großherzog Ludwig III. der schweren Erkrankung, welche Höchstdenselben auf das Krankenlager geworfen, erlegen ist — ein sanfter Tod hat den schweren Leiden des hohen Kranken am Mittwoch, den 13. Juni, Vormittags $1/_2$11 Uhr, ein Ziel gesetzt.

Das Großherzogthum Hessen betrauert in dem dahingeschiedenen Fürsten einen treuen Vater, der dasselbe seit fast vollen 29 Jahren liebevoll und milde regierte.

Den Segen, welchen die Regierung des hohen Verblichenen über unser hessisches Land gebracht, die Wohlthaten, welche sein gütiges Herz nach allen Seiten hin verbreitet hat, wird das dankbare Volk niemals vergessen. Niemals wird das Andenken des dahingeschiedenen Regenten in den Herzen der Hessen erlöschen!

Der höchstselige Großherzog war geboren am 9. Juni 1806, Mitregent durch das väterliche Edict vom 5. März 1848; succ. am 16. Juni 1848 seinem Vater, dem Großherzog Ludwig II. Ludwig III. war Inhaber des k. k. österr. Inf.-Regts. Nr. 14, sowie Chef des kais. russ. Inf.-Regts. „Livland", des kgl. preuß. 4. westphälischen Inf.-Regts. Nr. 17 und des kgl. bayr. 5. Inf.-Regiments.

Nach der hessischen Successions-Ordnung folgt in der Regierung:

Großherzog **Ludwig IV.** (Prinz Friedrich Wilhelm Ludwig Carl), geboren am 12. Septbr. 1837, vermählt seit 1. Juli 1862 mit der jetzigen Großherzogin (seitherigen Prinzessin) Alice, geb. am 25. April 1843.

Se. Kgl. Hoheit der Großherzog Ludwig IV. hat infolge dessen die nachfolgende, von den Ministern mitunterzeichnete Verkündigung erlassen:

Ludwig IV., von Gottes Gnaden Großherzog von Hessen und bei Rhein ꝛc. ꝛc.

Nachdem es dem Allmächtigen gefallen hat, Unseres vielgeliebten und hochverehrten Herrn Oheims, des Großherzogs Ludwig III. von Hessen und bei Rhein ꝛc. Königliche Hoheit zum größten Schmerze Seines Hauses wie Seiner gesammten Unterthanen am Heutigen aus dieser Zeitlichkeit abzurufen, haben Wir die Regierung des Großherzogthums, welche Uns vermöge der in Unserem Großherzoglichen Hause geltenden Erbfolgeordnung als nächstem Stammfolger nach dem Rechte der Erstgeburt und Linealfolge angefallen ist, angetreten. Wir versehen Uns daher zu Unseren getreuen Ständen, den Großherzoglichen sowie den sonst in öffentlichen Diensten angestellten geistlichen und weltlichen Beamten und Dienern, sowie überhaupt zu allen Unterthanen und Angehörigen Unseres Großherzogthums, daß sie Uns, als dem rechtmäßigen Landesherrn, Treue und Gehorsam so willig als pflichtmäßig leisten werden.

Dagegen versichern Wir sie Unserer auf Handhabung von Recht und Gerechtigkeit und Beförderung der Wohlfahrt und des Besten des Landes unausgesetzt gerichteten landesväterlichen Fürsorge, werden auch die Verfassung des Landes in allen ihren Bestimmungen während Unserer Regierung beobachten, aufrecht halten und beschützen.

Damit der Gang der Staatsgeschäfte nicht unterbrochen werde, ist Unser Wille, daß sämmtliche Behörden ihre Verrichtungen bis auf Unsere weitere Bestimmung pflichtmäßig fortsetzen.

Gegeben zu Seeheim am 13. Juni 1877.

(L. S.)   LUDWIG.
    v. Starck.   Kempff.   Schleiermacher.

Der Großherzog ist tot

Mit einer sehr umfangreichen Anzeige in bewegten Worten - der Hauptteil ist auf Seite 36 abgedruckt - informiert die Dieburger Zeitung ihre Leser über den Tod des Landesvaters. Zwar hat er fast 30 Jahre regiert, von 1848 bis 1877, und die Annonce nennt sein Regiment „liebevoll und milde". Doch ist dies nur eine freundliche Umschreibung des allgemeinen Urteils, das ihn als „wohlmeinend, aber pedantisch und entscheidungsschwach" (14) oder ganz ähnlich charakterisiert.

Am wenigsten kann man ihm übelnehmen, daß er der Bismarckschen Reichsgründung nur formal, aber nicht innerlich zustimmt. Schließlich verliert Hessen-Darmstadt bei dieser Umwandlung des Landes doch erheblich an Eigenständigkeit. Auch ist die Funktion der Großherzöge „nach 1871 im wesentlichen auf repräsentative Funktionen beschränkt". (15) Nicht zuletzt deshalb zieht er sich in den letzten Jahren stark ins Privatleben zurück.

Nachfolger des kinderlosen Ludwig III. wird der Neffe Ludwig Carl als Ludwig IV., ein liberaler Regent, dem bereits 1892 sein kunstsinniger Sohn Ernst Ludwig folgt - aus preußischer Sicht ein „Roter Großherzog" (16). Er ist der letzte in der Reihe der hessen-darmstädtischen Regenten. Denn die Revolution von 1918, am Ende des Ersten Weltkrieges, beendet die Herrschaft aller Monarchen in Deutschland ∎

1877

„...alles schon dagewesen"

Straftaten und Exzesse in der Gegenwart und verklärende Rückblicke in „goldene Zeiten" verführen oft zu dem Gedanken, es habe Epochen gegeben, in denen das Herz der Menschen edler gewesen sei, der Hang zum Geld geringer und Grausames seltener. Doch ein Blick in die Zeitungen von früher oder in Chroniken widerlegt das. So ist es auch beim „Starkenburger Provinzial-Anzeiger":

„Dieburg. Im Laufe der letzten Tage entwischte aus dem Arbeitshause in Dieburg ein berüchtigter Mensch, dem wahrscheinlich die Arbeit dort nicht schmeckte. Der Bursche lenkte seine Schritte nach Mainz; doch kaum hier angekommen, wurde er von der Polizei aufgegriffen und schleunigst an seinen Bestimmungsort abgeliefert." (6/77)

„Dieburg. In Mainz zirkuliert zur Zeit massenhaft falsches Geld und zwar hauptsächlich Ein- und Zweimarkstükke. Dieselben sind teilweise sehr gut nachgeahmt und lassen sich von den ächten sehr schwer unterscheiden, so daß ein sehr geübter Kassenbeamter in der letzten Zeit mehrfach täglich beim Kassenabschluß einige Falsifikate vorfand. Nur an dem geringeren Gewicht und dem etwas helleren Glanze lassen sich die falschen von den ächten unterscheiden. Aus der massenhaften Verbreitung der gefälschten Stücke vermutet man mit Recht, daß man es mit einer wohlorganisierten Falschmünzerbande zu thun hat, die sich gegenwärtig die hiesige Gegend zum Operationsfeld auserkoren. Trotz eifriger polizeilicher Nachforschungen hat man bis jetzt noch keinen Anhaltspunkt, der zur Entdeckung der Bande führen könnte..." (2/93)

„Bad Nauheim, 30. März. Mit dem Frankfurter Frühzuge kamen am verflossenen Sonntage zwei Geschäftsleute von Frankfurt, denen von einem angeblichen Bedienten folgende Geschichte vorgelogen worden war. Sein Herr, ein Comercienrath Sigismund, der bisher in Wien gewohnt und bei dem er schon seit sieben Jahren diene, lasse die Herren auf den folgenden Tag nach Nauheim bestellen, um die Einrichtung seiner geerbten Villa „Schönbrunn", die bis acht Tage nach Ostern fertig sein müßte, zu übernehmen. Die Herren versprachen pünktlich zu sein. Der Bediente hatte angeblich seine Brieftasche verloren, wodurch er momentan ohne Mittel war, und er pumpte nun die Beiden ordentlich an. Am Sonntag früh angekommen, fanden sie, daß die ganze Geschichte natürlich Schwindel war, wovon sie bei der Polizei auch sogleich Anzeige machten. Um den Aerger zu vertrinken, begaben sich beide Herren zu einem hiesigen Gastwirth, wo unterdessen noch drei weitere Herren mit dem 11-Uhr-Zug angekommen waren, die sich in derselben Lage befanden. Nachdem der Zorn vertrunken war, fuhren alle Fünf um 12 Uhr wieder nach Frankfurt. Von dem Schwindler hat man noch keine Spur." (4/77)

„Ein...Bürger und Friseur ging am Donnerstag Abend etwas vor 12 Uhr in der...Straße, als er plötzlich von 2 Strolchen angepackt wurde. Während der Eine ihn fest am Halse hielt und das Schreien verhinderte, zog der Cumpan ihm das Portemonnaie aus der Tasche, entleerte dasselbe (es enthielt glücklicherweise nur 4 Mk.) und warf es weg. Der Ueberfallene war dadurch in einem derartigen Zustande der Erschöpfung, daß er sich eine Viertelstunde auf einen Prellstein setzen mußte... (2/77)

„Dieburg, 23. Februar. In der Nacht vom Dienstag zum Mittwoch wurde die hiesige Wallfahrtskirche gewaltsam erbrochen, im Innern derselben Verschiedenes demolirt und endlich der Opferstock erbrochen, um den darin enthalten gewesenen, jedenfalls äußerst geringen Betrag zu rauben. Obgleich der Dieb allem Anschein nach mehrere Stunden gearbeitet, um verschieden feste Thüren zu erbrechen, und zu diesem Zwecke sogar Steinplatten im Innern der Kapelle aufgerissen hat, so wurde doch außer dem Inhalt des Opferstockes nichts weiter entwendet. Als der That verdächtig wurde gestern Morgen bereits ein schon mehrfach wegen ähnlicher Verbrechen bestraftes Individuum gefänglich eingezogen. Am Orte der That fand man ein vermutlich dem Diebe gehörendes Sacktuch, welches auf diese Spur geführt hatte. Gestern Nachmittag war Großh. Landgericht Groß-Umstadt hier, um in dieser Angelegenheit umfangreiche Recherchen anzustellen. - Bemerkt verdient noch zu werden, daß dies seit kurzer Zeit bereits die dritte Opferstock-Beraubung ist, wenn auch die vorherigen Einbrüche in denselben mit weniger Gewalt und am Tage ausgeübt wurden. Hoffentlich hat man nun den auch der früheren Diebstähle schuldigen Verbrecher." (2/77)

„**Frankfurt,** 14. Februar. Verflossene Nacht gingen aus dem sogenannten 'alten Bau' des Arresthauses zwei schwere Verbrecher durch, von denen der eine bereits eine Gefängnißstrafe von zwei Jahren erhalten hat, der andere einer großen Freiheitsstrafe entgegensah. Dieselben beseitigten die Schlösser und Fall-Eisen aus dem faulen Holz, gelangten so auf das Dach, ließen sich an der Dachtraufe auf die Turnhalle der Klinger-Schule und von da auf demselben Wege in den Hof der Schule hinab, wo sie mit Hilfe eines noch nicht ermittelten Dritten die Kleider wechselten und von hier aus über die Mauer die Reise in die Freiheit antraten, die hoffentlich von kurzer Dauer sein wird. Die Beiden heißen Krauß und Färber." (2/82)

Die letzte Nachricht dieser Reihe meldet Schauerlichkeiten wie sie ja auch im 20. Jahrhundert immer wieder vorkommen. Der politische Hintergrund der Vorgänge ist der russisch-türkische Krieg von 1877/78, der sich vor allem auf bulgarischem Gebiet abspielt und die Russen bis vor die Tore von Konstantinopel führt. Dieser Krieg findet in der Dieburger Zeitung wegen der Verfolgung andersgläubiger Menschen große Beachtung.

„....Zwei Dörfer...sind eingeäschert; die Kosaken metzelten 30 Einwohner, Muselmanen ohne Unterschied des Alters und Geschlechts, nieder. Im Dorfe Biopunar schnitten sie Frauen und Mädchen die Kleider am Gürtel ab und thaten ihnen dann in Gegenwart der Eltern und Gatten Gewalt an. Alle männlichen Einwohner wurden zu Gefangenen gemacht... Die Montenegriner, welche die Gefangenen verstümmelten und das Entsetzen Europa's erregten, haben wenigstens immer Frauen und Mädchen geschont. Den Russen war es vorbehalten, das Schauspiel bis dahin selbst bei den wenigst civilisirten Völkern unbekannter Scheußlichkeiten zu geben. Kosaken, welche sieben Stunden von Rustschuk Muselmanen begegneten, die ihre Dörfer verlassend in die Berge flohen, schlachteten dieselben hin, ohne Frauen und Kinder zu schonen..."
(7/77) ∎

Die Zeitung 30 Jahre im Besitz der Kirche

Adam Schumann

1892 Zwei wichtige Daten in der Dieburger Zeitungsgeschichte sind die Jahre 1892 und 93. Nach 44 Jahren wechselt der Besitzer. An die Stelle der Familie Rachor-Glässer tritt nun „die Geistlichkeit des Dekanats unter Pfarrer Jäger" (17), die das Presseorgan und die Druckerei für 10.000 Reichsmark kauft und in eine GmbH umwandelt. Damit diese Gründung zustandekommt, werden von den „einzelnen Herrn Pfarrern des Dekanats" die „letzten Pfennige zusammengetragen". (18)

Beteiligt sind außer Jäger noch Pfarrer Veit, Rektor Engelhardt, Dekan Johannis, der Abgeordnete Horn und Prälat Mischler.

Sicher läßt sich auch für diese Zeit formulieren, was anläßlich der Feier des 80. Geburtstags der Zeitung mit Blick auf den späteren Besitzer, den Verleger Heinrich Herrmann, im Jahre 1928 gesagt wird: Daß die Zeitung im rechtlichen Sinn zwar eine Privatsache ist, „in Wirklichkeit aber aus der Seelen- und Gewissensnot der Starkenburger Katholiken herausgewachsen und im heimischen Boden tief verwurzelt". (19)

Mit neuem Titel
Um das Blatt am Leben zu erhalten, sind immer wieder „finanzielle Opfer" notwendig. Man benötigt aber auch nach den 4 Jahren, in denen Martin Schwenck der Geschäftsführer ist, die gerühmte Umsicht und den treuen Fleiß von Adam Schumann. Er ist es, der die Geschicke der Zeitung von 1897 bis 1921 leitet, also fast die ganze Epoche hindurch, in der sich das Blatt in geistlichem Besitz befindet. Sie endet 1922 und währt immerhin 30 Jahre! Wichtige Helfer in diesem Überlebenskampf sind der Rechtsanwalt Lüft und Dekan Ebersmann.

Wesentliche Neuerungen geschehen gleich zu Anfang dieses Zeitabschnitts. Das dreimal wöchentlich erscheinende Blatt heißt nun „Starkenburger Provinzial-Zeitung" (1892). Und es zieht um (1893). Vom Markt geht es in die Steinstraße Nr. 40, in ein Gebäude der St. Rochusanstalt. Es ist mit Schindeln verkleidet und zeigt in großen Lettern den neuen Namen der Öffentlichkeit.

Ferner modernisiert sich die Technik. Kaum ist Dieburg ans Stromnetz angeschlossen, kurz vor der Jahrhundertwende, so kommt die neue Druckmaschine ins Haus, getrieben von einem E-Motor. Sie stammt wie die vorige aus Geisenheim. Das Schriftmaterial wird von nun an im „neuen sog. Pariser System umgegossen". (20)

Daß die Jahre des Ersten Weltkrieges schwer zu überstehen sind und die Zeit der Nöte unmittelbar danach ebenfalls - das versteht sich von selbst. Bezeichnenderweise muß eine zweite Dieburger Zeitung, die seit 1891 erscheinenden „Starkenburger Nachrichten", 1916 aufgeben - mitten im Kriege. Wilhelm Wittmann, der zuvor als Maschinenmei-

Gesellschaftsvertrag.

I. Firma, Sitz, Gegenstand, Geschäftsjahr.

§ 1. Die Herren:

    Pfarrer Bernhard Lesker zu Münster,
    Pfarrer Johannes Stumpf zu Dieburg,
    Pfarrer Philipp Bitz zu Groß-Zimmern,
    Pfarrer Barthol. Mischler zu Heppenheim a. d. B.
    Pfarrer Martin Veith zu Erbach i. Odenw.
    Pfarrer Jakob Dockendorff zu Ober-Roden,
    Rektor Wilhelm Engelhardt zu Dieburg,
    Pfarrer Joseph May zu Hering,
    Pfarrer August Fecher zu Groß-Steinheim,
    Benefiziat Hugo Holzamer zu Ockstadt,
    Landtagsabgeordneter David Horn zu Seligenstadt,
    Stadtrechner Philipp Uebel II. zu Dieburg,
    Stadtrat Franz Fürst zu Dieburg,
    Fräulein Josephine Johanniß zu Urberach,
    Fräulein Christina Jäger zu Bensheim a. d. B.,
    Fräulein Anna Jäger zu Bensheim a. d. B.

errichten eine Gesellschaft mit beschränkter Haftung unter der Firma: „Druckerei und Verlag der Starkenburger Provinzial-Zeitung, Gesellschaft mit beschränkter Haftung".

§ 2. Der Sitz der Gesellschaft ist Dieburg in Hessen.

§ 3. Gegenstand des Unternehmens ist die Herausgabe der Starkenburger Provinzial-Zeitung der Betrieb einer Druckerei (Accidenzen, Bücher, Plakate &c.), sowie eines Buchhandels (Verlag und Sortiment.) Zur Erreichung dieses Zweckes ist die Gesellschaft befugt, gleichartige oder ähnliche Unternehmen zu erwerben, sich an solchen zu beteiligen oder deren Vertretung zu übernehmen.

§ 4. Das Geschäftsjahr ist das Kalenderjahr. Das erste Geschäftsjahr beginnt mit der Eintragung der Gesellschaft in das Handelsregister und endigt mit dem 31. Dezember 1903.

ster im „Provinzial-Anzeiger" gearbeitet hat, ist der Verleger dieses "unabhängigen", zweimal wöchentlich erscheinenden Blattes.

Trotz aller Schwierigkeiten gibt Dekan Ebersmann ab 1915 den jährlich erscheinenden "Katholischen Kirchenkalender" heraus. Die von ihm darin verfaßten Beiträge zur Geschichte Dieburgs gehören zu den bekanntesten. Ebenfalls im Verlag der Starkenburger Provinzialzeitung erscheinen während des ersten Weltkrieges seine "Feldpostbriefe", die er den Dieburger Soldaten an die Front schickt.

Doch gibt es auch weltanschauliche Schwierigkeiten. Diesmal ist die Gegnerschaft des alteingesessenen Dieburger Blattes auf der linken Seite zu finden. Die Redaktion muß sich gegen sozialdemokratische Angriffe wehren, namentlich vorgebracht durch das „Offenbacher Abendblatt", in zahlreichen Artikeln stets als „O. A." zitiert und ebenfalls

Einladung.

Die Aktionäre der Starkenburger Provinzial-Zeitung werden hiermit zur **ordentlichen Generalversammlung** auf Mittwoch, 16. April, nachmittags 4 Uhr ergebenst eingeladen. Versammlungslokal: Bahnhofhotel in Dieburg.

Dieburg, 9. April 1913.

Der Vorsitzende des Verwaltungsrates:
Ebersmann, Dekan.

---

nicht mit Samthandschuhen behandelt. Ein besonders geschickter Kämpfer in diesen Fehden ist Pfarrer Lesker aus Münster, der so wohlüberlegt formuliert, daß er nicht mit dem Staatsanwalt oder mit einer Privatklage zu tun bekommt. Interessant ist auch die Tatsache, daß in diesen Jahren, schon unter Schumanns Geschäftsführung, in Offenbach als verantwortlicher Redakteur ein Mann tätig ist, der zu höchsten Ämtern aufsteigen sollte: Es handelt sich um Karl Ulrich, den späteren Staatspräsidenten des „Volksstaats Hessen".

Auseinandersetzungen mit den damals noch stark von Marx beeinflußten Grundansichten der Sozialdemokratie sind gleich zu Beginn der Epoche unter geistlicher Leitung in der „Provinzial-Zeitung" zu finden - ob nun eine Rede August Bebels zur Debatte steht oder die linke politische Position allgemein: „Sehr richtig hat der Abgeordnete Eugen Richter in der Reichstagssitzung am Montag die große Rede Bebel's als großen Brei mit wenig Brocken bezeichnet... ein großer Phrasenschwall fast ohne den geringsten sachlichen Inhalt ...Und zur Vorbereitung auf diese flache Verteidigung hat Herr Bebel noch dazu

zwei volle Tage Zeit gehabt. Wir hätten wahrlich nicht geglaubt, daß es mit dem geistigen Rüstzeug der Sozialdemokratie so schwach bestellt sei, als es sich jetzt erwiesen hat." (2/93)

„...die Unmöglichkeit, auch nur eine klare Vorstellung von dem Staat und der Gesellschaft des Sozialismus zu geben, die klaffenden Widersprüche in den Kundgebungen dieser Partei, dabei die fanatische Aufhetzung, die allmählich das friedliche Schaffen unmöglich macht und die bethörten Arbeiter ins Unglück stürzt, die Preisgebung aller höheren Ideale und sittlichen Pflichten, die Pflege des rohesten Materialismus..." (2/93) „...eine 'Religion' ist die Sozialdemokratie nicht, einfach aus dem Grunde, weil sie das gerade Gegenteil der Religion ist, dieselbe mit Stumpf und Stiel ausrotten will. Es ist leider eine nicht wegzuleugnende Thatsache, daß an wüster Religionsfeindlichkeit die Sozialdemokratie in Deutschland am weitesten 'vorgeschritten' ist; der Haß gegen alles Christliche und das Göttliche überhaupt ist bei ihr in sichtbarem Zunehmen begriffen, oder richtiger, er tritt immer klarer an die Öffentlichkeit." (4/93) ∎

Abonnements
für den Monat März
auf die
„Starkenburger Provinzial-Zeitung"
mit dem Gratisbeiblatt
„Sterne und Blumen"

werden entgegengenommen von allen Postanstalten des Deutschen Reichs, von der Expedition, Marktplatz, sowie von den Zeitungsträgern und in Dieburg von nachstehenden Filialen:

J. Rachor-Gläßer, Spezereiwarenhandlg., Marktplatz.
Adam Ott, Spezereiwarenhandlung, Fuchsberg.
Ivo Karl Stauß, Weinhandlung, Spitalgasse.
Jean Würz, Raffinerie und Spezereiwarenhandlung.

☞ Bei letzteren können auch Wochen-Abonnements zu 5 ₰ gelöst werden.

Der neue Zeitungstitel an der Fassade des Hauses Steinstraße 40 verkündet schon von weitem die neue Adresse des Verlages, der 1893 vom Markt in das Löb'sche Haus verlegt wird. Das Anwesen ist im Besitz der St. Rochusanstalt. Hier verbleibt die Druckerei bis zum 1. September 1927. Seitdem befinden sich Verlag und Druckerei im Neubau des neuen Besitzers Heinrich Herrmann in der Mühlgasse.

Immer noch auswandern

1893 Je näher das Jahr 1900 auf dem Kalender rückt, desto geringer wird die Zahl der Auswanderer - vor allem derjenigen, die das Großherzogtum aus purer Armut verlassen. Wenn auch „den Arbeiterfamilien in den Städten nach wie vor eine nur dürftige Lebensweise" möglich ist und es auf dem Lande noch ungünstiger aussieht (21), so geht es durch den raschen Fortschritt, den die Industrialisierung macht, dennoch unbestreitbar aufwärts.

Allerdings finden sich in der Dieburger Zeitung auch weiterhin Annoncen von Dampferverbindungen, mit denen man „günstig" in die Neue Welt gelangen kann. Und Gesellschaften sind vorhanden, die Ansiedlungen organisieren, etwa in Südamerika. Doch liest man jetzt ebenfalls skeptische Berichte, die vor einem leichtfertigen Schritt in die „goldene Ferne" und den Zuständen in Amerika warnen:

„Ein Pfälzer, der soeben zum Besuche seiner Angehörigen aus Amerika gekommen ist, schildert uns die dortigen Verhältnisse, namentlich von New-York, folgendermaßen: Es ist zur Zeit in Amerika viel schlechter als in Deutschland. Zehntausende arbeiteten gern, wenn sie nur Beschäftigung finden könnten, und Tausende und Tausende würden gern wieder in ihr geliebtes Deutschland zurückkehren, wenn sie nur das Geld zur Ueberfahrt aufbringen könnten. Auf dem Dampfer 'Aller', mit dem ich von New-York nach Bremen reiste, waren 500 Deutsche, die wieder in ihre alte Heimat zurückkehren, weil sie in Amerika nicht bestehen können. Wohl ist in Amerika der geringste Tagelohn 1 1/2 Dollar und die Arbeitszeit beträgt mit Ausnahme in Fabriken nicht mehr als 8 Stunden täglich. Auch bekommt man für etwa 5 Cent ein Gläschen Bier und dazu kalte Aufschnitte nach Belieben unentgeltlich. Aber all' dies ist gleißendes Metall und kein lauteres Gold. Der Dollar hat in Amerika nicht mehr Wert als in Deutschland die Mark und darum kann man mit 1 1/2 Dollar täglichem Verdienst Hunger leiden und im Freien übernachten.

Allerdings sind für den Arbeitstag nur 8 Stunden festgesetzt, aber es wird dem Arbeiter ein bestimmtes Arbeitsquantum auferlegt, das er innerhalb dieser Stunden bewältigen muß. Dabei muß er sich aber anstrengen und plagen und es wäre ihm viel lieber, wenn die Arbeitszeit länger und die Arbeitslast weniger drückend wären. Die Miete wird unbarmherzig allmonatlich eingetrieben, und wer nicht zahlen kann, wird vor die Thür gesetzt. Mitleid kennt man nicht. New-York ist nicht, wie man sagt, eine glänzende Stadt. Sie hat ja viele prachtvolle Straßen und monumentale Bauten, doch sind die Straßen im Allgemeinen düster und unreinlich, daß Cadaver unserer Vierfüßler mitunter tagelang im Kot liegen, ist nichts seltenes; die Polizei kümmert sich aber nicht darum." (12/93)

Frauenlist...
...und
Männerschläue

„**Oberfranken**, 14. Februar. Der 'Nürnb. Anz.' berichtet folgendes köstliche Pröbchen von Frauenlist: Eine junge, hübsche Frau, die seit 1 1/2 Jahren verheiratet ist und in einem Dorfe im Frankenjura wohnt, ereiferte sich oft, daß ihr Gatte stets zu spät vom Wirtshause heimkam. Sie erklärte endlich, als er wieder einmal über Mitternacht ausgeblieben war, daß sie das nächste Mal, wenn er sich so verspäten werde, mit ihrem Kinde, einem vier Monate alten Söhnchen, im nahen Bach ihren Tod suchen werde. Umsonst; bald kam er wieder nach Mitternacht heim. Seine Frau öffnete nun die Thüre, stellte das Licht auf den Tisch, ging zur Wiege hin, nahm ihr Kind heraus und lief damit dem Bache zu. Der erschrockene, halb berauschte Ehemann rannte ihr augenblicklich auf heißem Fuße nach. Die Frau hatte jedoch bereits einen so großen Vorsprung gewonnen, daß er sie vor dem Bache nicht mehr einholen konnte. Er hörte, wie das Kind in's Wasser plumpste. Man denke sich sein Entsetzen, da es gerade in einer kalten Winternacht gewesen und der Bach stellenweise über einen Meter tief war. Ohne sich lange zu besinnen, sprang er in den Bach, ergriff den Kleinen beim Nachtkleidchen, das wahrscheinlich sein schnelles Untersinken verhindert hatte, und sprang damit auf's Trockene. Als er nun, bebend vor Kälte und Freude, sein liebes Kind von Herzen kräftig küssen wollte, begegnete er der Schnauze seines Hauskaters, der, zierlich in seines Söhnchens Kleider eingehüllt, ihm seinen Dank entgegenmiaute. An der Hausthüre angekommen, fand er dieselbe verschlossen und wurde nicht eher eingelassen, bis er feierlich gelobt hatte, fortan spätestens um 10 Uhr Nachts nach Hause zu kommen." (4/00)

„Mittel gegen Gardinenpredigt. Der in allen lebenslustigen Kreisen bekannte und wohlgelittene Herr W. in Berlin besitzt zwei Fehler; er hat nämlich einerseits ein überaus schlechtes Gedächtnis für die Stunde der Heimkehr, so oft er seine Muße dem Skat widmet, und er hegt andererseits trotz seiner fast zehnjährigen Ehe noch immer einen unüberwindlichen Abscheu vor Gardinenpredigten. Kürzlich kehrte er von einem gemütlichen Skat aus seinem Stammlokal nach Hause zurück, als die Läden der Bäcker schon in hellem Lichte erstrahlten. Herr W. fürchtete aus Erfahrung, daß bei der noch vorhandenen Kürze der Nacht die Gardinenpredigt, die ihn erwartete, desto länger ausfallen würde und voll Grimm strengte er seinen Kopf an, ein Auskunftsmittel zu erfinden, das die drohende Gefahr abwende. Da durchblitzte ihn eine glückliche Idee. Er stieg unternehmungslustig die Treppe hinauf und verachtete selbst die Vorsicht, sich auf der Treppe der Stiefel zu entledigen. Kaum hatte er die Stubenthür geöffnet, als ihm von Seiten der kampfbereit im Bette postierten Gattin ein Willkommen wie ein Torpedo entgegenschoß. Schweigend und mit trübem Gesicht ließ er diesen Angriff über sich ergehen. Er zuckte nur die Achseln und gab durch Handbewegungen zu verstehen, daß er nicht zu sprechen vermöge. Eine längere Pantomime war notwendig, um die Frau Gemahlin von diesem Unglück des Stummgewordenseins zu überzeugen; aber er hatte die freudige Genugthuung, daß sich die Gardinenpredigt plötzlich in ein rührendes Lamento verwandelte. Nun stieg Herr W. 'mit affenartiger Geschwindigkeit' in die 'Klappe', und stillvergnügt über seine Erfindung überließ er sich bald einem gesunden Schlafe. Er sollte nicht lange Ruhe finden; er wurde geweckt und vor ihm stand Dr. S., der Hausarzt. 'Weib, bist Du unsinnig?' rief Herr W. und fuhr entsetzt aus den Kissen empor. Natürlich war der Besuch des Arztes überflüssig geworden, da der Patient seine Stimme wiedergefunden hatte...Der Arzt faßte die ihm bereitete nächtliche Störung mit Humor auf und entfernte sich in großer Heiterkeit. Die Gardinenpredigt aber wurde alsbald in einer vermehrten, durch Anmerkungen verbesserten Ausgabe herausgegeben... Herr W. strengt sich jetzt an, eine neue Erfindung zu machen, die sich besser bewährt." (3/93) ■

Ihre werthe Krankheit...

Unter den Anzeigen befaßt sich eine nicht geringe Zahl mit dem Wohlergehen der Leserschaft und preist allerlei vorzügliche Präparate an. Doch auch die Meldungen sind mit gesundheitlichen Problemen und Warnungen vor diversen Übeln beschäftigt:

1893

„**Dieburg.** Von ärztlicher Seite wird davor gewarnt, Kinder und junge Leute, deren Knochenwachstum noch nicht vollendet ist, radfahren zu lassen, der Sport rufe bei solchen Krümmungen der Wirbelsäule und Herzaffektionen hervor." (11/93)

„Mit Rücksicht auf die gegenwärtige Obstzeit dürfte es angebracht sein, auf folgende Thatsache, die schon manche Krankheit herbeigeführt hat, aufmerksam zu machen. An den Birnen und Aepfeln bemerkt man oft rauhe, schwarze Flecke, die beim Genuß des Obstes meist unbeachtet bleiben. Wissenschaftliche Untersuchungen haben aber mit Bestimmtheit ergeben, daß die Flecke Pilzwucherungen sind, die sehr nachteilig auf die Verdauungsorgane wirken können. Es empfiehlt sich daher, Obst nur geschält zu genießen." (8/89)

"**Bensheim.** Masern und Diphtheritis sind hier besonders unter der noch nicht schulpflichtigen Jugend, immer noch mit ihrer ganzen Bösartigkeit im Verbreiten begriffen und fordert viele Opfer. So starben in der letzten Woche an ihr sieben Kinder im Alter von 2 - 6 Jahren. (1/93)

Rückersatz der Nervenkraft
für Männer in allen **Schwächezuständen!**
mögen dieselben durch Krankheit, Alter, oder jugendliche Verirrungen entstanden sein.

Das berühmte Original-Meisterwerk „Der Jugendspiegel", das von der einzigen jetzt lebenden Autorität auf diesem Gebiete verfaßt ist und durch zahlreiche anatomische Abbildungen erläutert wird, ist für 2 Mark von **B. Bernhardi** in **Blasewitz** bei Dresden discret in Couvert zu beziehen. Der Betrag kann in Briefmarken eingeschickt werden. (963)

Hans Hilzendegen
— Dentist —
Aschaffenburg
Innere Glattbacherstr. 10
(nächst der Bahn).
Sprechstunden: Täglich (auch Sonntags) von 9 bis 12 und 2 bis 6 Uhr.
Alle Operationen werden auf Wunsch völlig schmerzlos ausgeführt. Künstl. Zahnersatz in **Cautschouk, Gold, Aluminium**. Einzelne Zähne auch ohne Platte (sogen. Kronen- und Brückenarbeit). Dauerhafte Füllungen in **Gold**, Amalgam ꝛc.
Garantie für Haltbarkeit! Schonendste Behandlung bei billigster Berechnung.

Nervöses Zahnweh
wird augenblicklich gestillt durch Dr. Gräström's schwed. Zahntropfen à Flacon 21 kr. ächt zu haben in Dieburg bei **Louis Kölsch**.

Taubheit ist heilbar!
Hilfe für Ohrenleidende. Eine Anweisung zur Erlangung des Gehörs bei gänzlicher Taubheit, zur Beseitigung der **Schwerhörigkeit** und zur Heilung aller Ohrenkrankheiten. Herausgegeben von Dr. J. Williams. Preis 27 kr. Diese vorzügliche Schrift enthält ein naturgemäßes, radicales und einfaches leicht auszuführendes Heilverfahren und ist in allen Buchhandlungen des In- und Auslands zu haben, in Dieburg namentlich bei **G. A. Gläser**.

Flechtenkranke und Brustleidende heilt **Dr. Jochheim** in Darmstadt, Ludwigsplatz.

Ungeheuer
ist die Zahl Derjenigen, die an Magen-, Leber-, Nieren- u. Verdauungsbeschwerden leidet. — Bisher unerreicht in seiner Wirkung gegen alle solche Leiden ist mein altbewährtes **Universal-Magenpulver**. Es hilft sofort und möge Jeder, dem daran gelegen ist, sich von seinen Qualen zu befreien, einen Versuch damit machen. Täglich gehen mir Dank- u. Anerkennungsschreiben zu Schachtel mit Gebrauchsanw. à 1,50 u. 2,50 M. Versandt gegen Einsendung des Betrages oder Nachnahme. (202)
Hugo Rawitscher
Berlin W., Nollendorfstr. 33.

Einzig sichere und dauernde Hilfe
für
Geschlechtskranke
auf reelle Weise bietet allein
Dr. Retau's Selbstbewahrung
mit 27 pathol.-anatom. Abbildungen durch Mittheilung eines durchaus bewährten Heilverfahrens. Von dem Buche wurden 72 **Auflagen** (ca. 200,000 Exemplare) verbreitet und verdanken ihm allein in 4 Jahren über
15,000 Personen
ihre Gesundheit. Tausende von Anerkennungsschreiben liegen vor und selbst Regierungen und Wohlfahrtsbehörden sprachen sich in Folge einer ihnen übergebenen Denkschrift über die Wirksamkeit dieses Buches höchst anerkennend aus. Aller Schwindelei fremd, geht es darauf aus, wahrhaft reelle und billige Hilfe durch Aufstellung eines stets hilfebringenden, von den tüchtigsten Aerzten geleiteten Heilverfahrens, zu schaffen und ist allen Leidenden, sowie auch Eltern und Erziehern als Rathgeber und Retter bringend zu empfehlen.

 Gehöröl
der Apotheke Neu-Gersdorf (Sachsen) heilt die **Taubheit**, wenn sie nicht angeboren, und bekämpft sicher alle mit Harthörigkeit verbundenen Uebel.
Preis eines ½ Fl. mit Wolle 53 kr.
1/1 1 fl. 30 kr.
Hauptdepot in **Dieburg** bei
G. A. Gläser.

W. Kattepoel in Ahaus heilt Syphilis, Pollutionen, Geschlechts-, Frauen-, Nerven-, Hautkrankheiten, Epilepsie (Fallsucht), Blutspeien, Schwäche, Unterleibsbrüche ꝛc. Ueber Hundert geheilt, die alle Hoffnung auf Genesung aufgegeben.

Heiteres und Bösartiges

„**Frankfurt.** Gestern fand auf der Zeil eine tragikomische Fahrt statt. Ein dicker Herr nahm sich eine neu in den Dienst gestellte Droschke. Kaum hatte die Fahrt begonnen, so brach der Boden derselben durch, der Fahrgast kam mit den Füßen zur Erde und mußte eine Strecke Wegs im Wagenkasten mit den Pferden um die Wette laufen." (2/79)

„**Klein Heubach.** Eine Treibjagd, wie sie wohl selten vorkommen mag, wurde am Mittwoch in einem hiesigen Hause abgehalten. Es war 7 Uhr Morgens, als man lautes Rufen vernahm: 'halloh! ein Bär, ein Wolf'. Mit Axt und Prügel bewaffnet, drängte sich alles nach der Küche: Da sausten dumpfe Axtschläge in die Holzecke, ein kurzes Röcheln, dann Totenstille. Alles drängte sich nach der Ecke. Da lag zuckend ein grau und schwarz schillernd, zottiges Getier. Man zog die Jagdbeute an des Licht, es war kein Bär und auch kein Wolf, doch ein 19 Pfund schwerer Dachs. Da die Wohnung nur 200 Schritt vom Mainufer liegt, nimmt man an, daß der zottige Bursch...sich über die Eisdecke an das linke Mainufer verirrte, um in dem unromantischen Jagdgrund einer Küche ein unrühmliches Ende durch Axtschläge zu finden." (2/93)

„**Wiesbaden.** Seit 14 Tagen ist im Leichenhause auf dem alten Friedhofe die Leiche einer hiesigen Frau aufgebahrt. Ihre Beerdigung ist auf Wunsch der Angehörigen bisher unterblieben, da in der betreffenden Familie bereits einmal ein Fall von Scheintod vorgekommen ist, in welchem die vermeintlich Gestorbene wieder Leben gewann und noch viele Jahre unter ihren Angehörigen weilte. Die Leiche war am Sonntag noch ungewöhnlich gut erhalten." (2/93)

„**Büches,** 18. Jan. Gestern Morgen fuhren Herr Kreisrat Irle und Herr Schulrat Buß von Büdingen durch unseren Ort nach Bleichenbach zur Schul visitation....am Ausgang von Büches scheuten plötzlich die Pferde, der Kutscher ließ die Zügel fallen und die Pferde gingen durch. Alsbald geriet die Chaise an einer abschüssigen Stelle in den Chausseegraben, das Gefährt überschlug sich und fiel auf die Seite. Glücklicherweise konnten die Pferde nicht weiter. Die beiden Herren krochen aus der Wagenthür; sie waren mit einigen Hautabschürfungen und dem Schrecken davongekommen. Die in der Nähe arbeitenden Bahnarbeiter stellten den Wagen wieder auf, und konnte derselbe, da nichts zerbrochen war, alsdann seine Fahrt fortsetzen." (6/95)

„**Vom Rhein.** Die Erinnerung an einen erschütternden Vorfall...Es war Mitte Juni 1851, als die Schreckenskunde durch die Zeitungen verbreitet ward, daß eine junge Engländerin, Miß Idilia Dubb, am Rheine spurlos verschwunden sei. Man suchte, man fand nichts; die gebeugten Eltern reisten ab; man dachte an ein Verbrechen. Die kecke Engländerin, die früh Morgens mit ihrer Mappe allein weggewandert war, hatte die alte Burg Lahneck oben über dem Gehölz auf morscher Treppe bestiegen und diese war hinter ihr zusammengebrochen. Als man einige Jahre später einen sehr baufälligen Turm der Ruine abtragen mußte, fand man das Skelett eines Mädchens, Uhr, Geld, Mappe desselben und in Mauerritzen eingeklemmt das schaurige Tagebuch der Unglücklichen, die sich heiser gerufen, mit dem Taschentuch aus ihrer hohen Einsamkeit nach dem Thale hinab, nach Rheindampfern hinunter geweht hatte, alles vergeblich. Niemand hatte sie gehört, sie war da oben halb verhungert, halb in den kühlen Juninächten 1851 erfroren." (2/93)

„**Castel,** 4. Juni. Einem on dit zufolge soll vorgestern Morgen bei Tagesanbruch ein Pistolenduell zwischen zwei Offizieren auf dem hiesigen Schießplatz stattgefunden haben. Der eine Offizier soll sofort getödtet, der andere schwer verletzt worden sein." (6/77)

„**Dieburg.** In den letzten Nächten der vergangenen Woche wurde ein Akt des infamsten Vandalismus auf dem Friedhof der hiesigen Israeliten verübt. Nicht weniger als 38 Grabsteine wurden teils umgeworfen, teils zerschlagen, darunter ein wertvoller Marmorstein. Wer der rohe Friedhofschänder ist, konnte bis jetzt noch nicht ermittelt werden. Man gibt der Vermutung Raum, es seien auswärtige Wildlinge gewesen. Es ist Pflicht eines jeden Menschen, zur Entdeckung dieser Schandbuben beizutragen, und hoffentlich wird es unsern umsichtigen Polizeiorganen gelingen, Licht über dieses traurige Vorkommnis zu bringen." (8/93) ■

Zur Einweihung der neuen Pfarrkirche
am 9. Juli 1893.

Auf, Dieburg, auf, rüste zu festlichster
Freud'!
Laß klingen die Glocken! Auf,
Blumen gestreut
Zum Tage der heiligen Weihe!
Da steht ja in bräutlichem Schmucke so schön
Still harrend des Königs aus himmlischen
Höh'n
Dein Tempel, so herrlich, der neue.

Ich aber ergreife die Leier mit Lust
Und singe ein Lied heut' aus schwellender
Brust,
Ein Lied, das da künde die Ehre,
Die Ehre von **Dieburg**, deß gläubiger Sinn
Den Zeiten zum Trotz legt die Opfer hin
Für's heilige Haus, für das hehre!

Mein Lied auch ertöne dem geistvollen Mann
Max Meckel, dem Meister auf ruhmvoller
Bahn!
Sein Name wird ewig hier glänzen...

Die neue Stadtkirche

Der Juli des Jahres 1893 ist in Dieburg ganz erfüllt davon, daß endlich die schöne, neue katholische Kirche vollendet ist: Die Pfarrkirche St. Peter und Paul in der Steinstraße. Die SPZ schreibt:

„Zur Consekration der neuen Stadtkiche!
So ist denn endlich der ersehnte Zeitpunkt gekommen, auf den sich unsere ganze Stadt schon seit Jahren freut. Alles rüstet sich, den hehren, in der Geschichte unserer Stadt ewig denkwürdigen Tag feierlichst zu begehen. Wenn jemals eine Festesfreude berechtigt war, so ist es die gegenwärtige. Kaum sind wenige Jahre verflossen, als man die ersten Schritte zum Neubau der Kirche gethan, und schon steht dieser in seltener Schönheit vor uns. Das Werk ist vollbracht unter sichtlichem Segen des Himmels. Fürwahr wir haben Recht mit dem Psalmisten auszurufen: A Domino factum est istud et mirabile est in oculis nostris. 'Von dem Herrn ist dieses gemacht worden und es ist wunderbar in unseren Augen.'

Ja der Segen Gottes hat sichtlich über dem Neubau gewaltet. Kein größeres Unglück ist vorgekommen, und nur mit inniger Dankbarkeit blicken wir zurück auf die Zeit der Bauthätigkeit. Nächst Gott aber sind es die Bewohner Dieburgs selbst, die an der Vollendung so innigen Anteil haben. Rührende Beweise der Teilnahme an dem Baue sind zu verzeichnen, selbst die fern von der Heimat weilenden standen nicht zurück.

Zur Kirch-Einweihung!
Die in unserem Verlage erschienene, 3 Bogen starke
Festschrift

Reich und Arm, Groß und Klein, selbst Angehörige anderer Confessionen haben es sich nicht nehmen lassen, den Bau durch milde Gaben zu fördern. Wenn man auch von Anfang ganz vereinzelt dem Unternehmen etwas zurückhaltend gegenüberstand, so können wir doch heute, wo die Festesfreude überall hervorleuchtet, rückhaltlos anerkennen, daß der Kirchenbau allen als ein notwendiges Bedürfnis erschien. Die Ausdrücke der Dankbarkeit gegen den thatkräftigen Förderer des Werkes, Herrn Pfarrer Jäger, die man in der Vorbereitungen zu den Festlichkeiten öfters hören kann, beweisen, wie sehr der hochverdiente Herr im Interesse seiner Gemeinde gehandelt, als er die Sache des Kirchenbaues zu seiner eigenen machte..."(7/93)

Die Festschrift, 44 Seiten stark, stellt den Neubau recht gründlich in die geschichtlichen Zusammenhänge der Stadt. Adam Sulzbach beschreibt die alte Pfarrkirche als zu klein, feucht und ungesund, begründet damit den Neubau und befaßt sich mit der Baugeschichte und der Feier der Grundsteinlegung ("... unter dem Pontifikat Seiner Hl. Leos XIII.,...unter der Regierung des Deutschen Kaisers Wilhelm II.... als Pfarrer in Dieburg war Heinrich Jäger"). ■

An die Bewohner von Dieburg.
Am nächsten Sonntag wird der hochwürdigste Herr Bischof unsere neue Stadtkirche consekrieren. Es geziemt sich, daß wir diesen hochwichtigen Tag auch nach außen feierlich begehen und so unserer Freude über das gelungene, schöne Werk Ausdruck verleihen. Wir richten daher die Bitte an unsere Mitbürger, ihre Häuser festlich zu schmücken und sich an den in beiliegendem Programm näher bezeichneten Festlichkeiten so zahlreich als möglich zu betheiligen.

"Unser Afrika gehört zu Deutschland"

Die klassischen Kolonialmächte der Neuzeit sind Spanien und Portugal, England, Frankreich und Holland. Sie liegen am Meer und erobern frühzeitig Gebiete in Amerika, Afrika und Asien. Deutschland hingegen, fast ein Binnenland, verbraucht seine Kräfte in der Zersplitterung und findet sich erst spät, in den 1880er Jahren, bereit, Ansprüche auf Territorien anzumelden und Schutztruppen aufzustellen. So in Togo, Kamerun, Deutsch-Südwest-Afrika, (dem heutigen Namibia), und Deutsch-Ostafrika (dem jetzigen Tansania). Den gelegentlichen Meldungen im Dieburger Blatt über koloniale Angelegenheiten merkt man das Exotische deutlich an. Aber es tauchen auch stolze, nationale Töne auf.

„**Berlin.** Wieder einmal kommt die Kunde von Goldfunden im deutschen südwestafrikanischen Schutzgebiete zu uns. Und zwar soll...im Auswärtigen Amt die Nachricht eingetroffen sein, daß ein Zollbeamter an der Mündung des Schwakoy Waschgold gefunden. Proben sollen bereits in Berlin angekommen sein. Die 'Nat.-Ztg.', deren Optimismus bei dergleichen Meldungen schon oft enttäuscht worden ist, verhält sich diesmal recht vorsichtig, indem sie die Hoffnung ausspricht, daß der Fund sich wertvoller erweise als die trügerische Entdeckung von Golderzen durch die australischen Digger, welche früher nach Südwestafrika gekommen waren." (1/93)

„**Habitzheim,** 16. April. Der Sohn eines hiesigen Bürgers, welcher 4 Jahre bei der Schutztruppe in Ostafrika gedient und vor einigen Tagen wieder glücklich in die Heimat zurückkam, hat manche Erzeugnisse und Sehenswürdigkeiten vom afrikanischen Boden mitgebracht. So stellt derselbe Geweihe und große Hörner von wilden Tieren, mehrere Felle von Tigern und Hyänen, einige Straußeneier und Schlangen etc. aus; außerdem Schießwaffen wie Bogen und Pfeile der Wilden, Kleidung derselben, was eine große Neugierde hervorruft." (4/00)

„**Dar-es-Salam,** 8.März. Bei Uniangwira, auf dem Weg nach Mpwapa und Tabora, fand ein siegreiches Gefecht der kaiserlichen Schutztruppe statt. Die befestigte Tempe des Häuptlings Masenta wurde nach zähem Widerstande unter bedeutendem Verluste des Feindes von unseren Truppen erstürmt. Diesseits ist Feldwebel Erttel gefallen und Lieutenant Bath leicht verwundet. Zehn Askaris blieben teils tot, teils wurden sie verwundet." (3/93)

„**Aus Hessen**. Man kann sich nicht als vollkommener Christ betrachten, wenn man nicht nach Kräften Anteil nimmt an der Ausbreitung der hl. Kirche. Es kommt vielfach vor, daß in einer Gemeinde die 'Missionen' vergessen werden, weil die Mittel für eigene Zwecke notwendig sind. Aber auch gibt es edlere Beispiele, nämlich arme Gemeinden, die sehr von eigenen Lasten gedrückt sind und doch ihren Beitrag dem Bonifatius-Verein und für Afrika entrichten. Woher kommt es aber und woran fehlt es, daß gerade die Deutschen in Bezug auf die Unterstützung der Missionen im Rückstand sind? Wir sagen aus vollster Überzeugung: an der Erkenntnis von der Wichtigkeit der Sache...
Aber vielfach hört man noch: 'Ach, Afrika ist so weit, und wir haben in der Nähe so viele andere gute Zwecke zu fördern.' Irrtum, schwerer Irrtum, der mit allen Mitteln von allen dazu berufenen Personen bekämpft werden muß. Afrika ist nicht so gar fern, unser Afrika gehört zu Deutschland, es liegt uns näher, unendlich näher als Amerika, China, Indien usw., ja näher selbst als Dänemark und Schweden." (1/00) ■

Die Jahrhundertwende

Nun beginnen die Dieburger Zeitungsjahrgänge mit einer 19.. und enthalten Themen, die zum guten Teil typisch sind für die Zeit des wirtschaftlichen Aufstiegs vor dem Ersten Weltkrieg: Es geht um die reichste Stadt in Deutschland und um die Begeisterung für eine möglichst große deutsche Kriegsflotte, die sich an der englischen messen soll. Bei der einfallsreichen Dieburger Fastnacht des Jahres 1900 wird auf einen Krieg angespielt, der sich gerade am anderen Ende der Welt zuträgt: auf den Kampf zwischen Engländern und Buren in Südafrika.

„Die reichste Stadt ist nach den Ergebnissen der Einschätzung der Vermögenssteuer für 1899 wie bisher Frankfurt a. M. mit einem Durchschnittsvermögen von 197,306 Mark, dann folgt Essen (Krupp), wo das Durchschnittsvermögen die starke Steigerung ...auf 173,401 Mark erfahren hat. Noch stärker war die Zunahme bei der drittreichsten Stadt Charlottenburg... Charlottenburg hat damit Berlin, Wiesbaden, Aachen und Bonn überflügelt." (1/00)

"Dieburg...Unsere Stadt hat während der drei Fastnachtstage der Narrheit den vollen Tribut gezollt...Besonders gut war der Kampf der Engländer gegen die Buren arrangiert und zur Durchführung gekommen. Schon seit Sonntag belagerten die 'Buren' mit der ihnen eigenen Zähigkeit und Standhaftigkeit 'Lady Schmitt'. Wie die Depeschen aus dem Burenlager vermeldeten, hat es während der Belagerung an kriegerischen Scenen nicht gefehlt. So soll sich 'General Warren' bei 'Lady Schmitt' sogar mehrmals 'übergeben' haben. Auch soll dort mancher 'Sturm' glücklich überstanden worden sein. Am Montag durchzogen die Quartiermacher der Buren die Stadt und sagten - zum Schrecken mancher Hausfrau - für Dienstag große Einquartierung an. Am Fastnachtdienstag zeigten sich schon morgens 9 Uhr die ersten reitenden Engländerpatrouillen. Die Kriegsstimmung stieg beständig; 11 Uhr 11 Minuten wurden die Buren alarmiert, da die englische Streitmacht augenscheinlich im Anzuge war. Die letztere nahte denn auch, vorsichtig ihre aufklärenden Patrouillen vorausschickend, von Westen her der Stadt und besetzten den Marktplatz. Die 'Geschütze' wurden aufgepflanzt und alles 'klar zum Gefecht gemacht!'...Mauleselbatterien kämpften mit wahrem Heldenmut; selbst „Löwen", die auf den südafrikanischen Schlachtgefilden diesen Batterien in den Weg kamen, wurden im Ansturm überritten. Der Sieg der Buren war bald entschieden und 'Ohm Krüger' und der englische Ministerpräsident Lord Salisbury, die dem Entscheidungskampfe von dem 'Spionskop' (Mainzer Hof) aus zugesehen hatten, traten sofort in Friedensverhandlungen ein, die auch zu einem recht glücklichen Resultate führten. Die beiden Armeen bezogen nun gemeinschaftlich Bivack und die Buren-Makadenterei, geleitet von Hermanno Burino aus Dieburino, entwickelte eine ersprießliche Tätigkeit, während die englische Luftschifferabteilung einen Fesselballon steigen ließ, um auf heliographischem Wege dem 'Frankf. General-Anzeiger' die Depesche vom Frieden zu übermitteln...Mit einem Umzuge der Streitkräfte durch die Hauptstraßen der Stadt und einem von den vereinigten Armeen mit durchschlagendem Erfolge ausgeführten Ueberfall des 'Burenmeisters' schloß die kriegerische Aktion. - Letzte Depesche vom Kriegsschauplatze: Die Nachfrage nach sauren Heringen ist enorm." (3/00)

> Vom **Samstag, 3. Februar**, ab veranstalten wir in den sämtlichen Räumen des früheren Palais des Prinzen Karl zu Darmstadt eine **Ausstellung** von nahezu 300 Modellen sämtlicher Schiffgattungen unserer Marine, wie: Panzerschiffe, Panzerfahrzeuge, Panzerkanonenboote, große Kreuzer, kleine Kreuzer, Kanonenboote, Schulschiffe und Torpedofahrzeuge. Hieran schließt sich eine Sammlung von Schnell- und Postdampfern, See- und Flußdampfern, großen Segelschiffen und Luftyachten, sowie höchst interessanter älterer Kriegsschiffe vom Beginn des 17. Jahrhunderts bis auf die Jetztzeit. Auch eine Anzahl Modelle von Schiffsmaschinen, Schiffskesseln, Schiffsgeschützen, Schiffseinrichtungs- und Ausrüstungsgegenständen ist ausgestellt. Endlich gelangt ein Torpedo, zwei See-Minen sowie eine Anzahl der neuesten Schnelladekanonen in natürlicher Größe zur Ausstellung.
>
> **Der Landes-Ausschuß des Deutschen Flottenvereins für das Großherzogtum Hessen.**

Kinder-Wagen
und
Wagen-Decken
in allen
Preislagen und Ausführungen
Dieburg. H. Ostheimer.

Durch frühzeitigen Einkauf bin ich in der Lage, trotz des enormen Aufschlags, noch zu alt bekannt billigen Preisen zu verkaufen.

Spazierstock mit Musik.

Neu! Eleganter Stock mit Metallknopf, worauf jeder sofort die schönsten Melodien spielen kann. **Herrliche Neuheit!** Schön für Zimmer-Musik und Landpartien à Stück nur 3 Mark 50 Pfg. gegen Nachnahme oder Voreinsendung. **Neu!**

Otto Kirberg, Düsseldorf.
Kinderstöcke mit Musik à Stück Mk. 2.50.

Die christliche Jungfrau.

Diese illustrierte Monatsschrift zur religiösen Erbauung und Unterhaltung sollte jedes junge Mädchen lesen. Redigiert wird sie von **Pater Gratian.**
Preis pro Jahr **1 Mk. 60 Pf.**
Man verlange Probehefte von der

Alphonsus-Buchhdlg., Münster i. W.
Agenten zum Vertrieb gesucht.

Zur Saison
empfehle
das Neueste in
Capes
hellen und schwarzen
Jackets
in großer Auswahl
zu sehr billigen Preisen.
Kaufmann Loeb,
Dieburg.

Gleichzeitig bringe mein **Spezereigeschäft** in empfehlende Erinnerung.

empfiehlt sein reichhaltiges Lager in **Möbeln aller Art** als: Kleider-, Küchen-, Pfeiler-, Waschschränke, Nachttischchen, Kommoden, Bettstows, Divans, Kanapees, Stroh- und Rohrstühlen, Ausziehtischen, sowie kleineren Tischen, fertigen Betten mit Sprung- und Wollmatratzen, Bettstellen von den einfachsten bis zu den feinsten. Ferner große Auswahl in **Spiegeln.**

1900

✝ Fliegen ☠

Aechtes Dalma
mit goldenen Medaillen prämiirt tötet alle Insekten wie Fliegen, Flöhe, Schnaken (Potthummel), Schwaben, Russen u. s. w. so schnell, daß in **15 Minuten** im ganzen Zimmer **nicht ein Stück mehr lebt.** Nicht giftig!

Aecht **nur in Flaschen** mit [Apotheker E. LAHR Würzburg] versiegelt zu 30 u. 50 ₰, Staubbeutel 15 ₰

Dieburg in der Apotheke und bei Jakob Hahn, Kaufmann.
Groß-Zimmern bei Georg Romig, Kaufmann.
Münster bei Jean Grimm.
Ober-Roden bei Joh. Wiederspahn.

Was steht noch im Blatt? Eine Einladung ist abgedruckt zur „ersten deutschen Männer Wallfahrt nach Rom und Jerusalem". Von interessanten Funden in Dieburg ist die Rede und von einem "frechen Raubüberfall" in der nahen Umgebung. Schließlich in einer Annonce von der Vorzüglichkeit der "Starkenburger Provinzial-Zeitung", die politisch auf dem "korrekten Standpunkt des Centrums" steht.

Wallfahrt deutscher Katholiken nach Rom und Jerusalem
Herbste des Jubiläums-Jahres 1900.

„**Rom und Jerusalem**, die heiligsten Stätten der Welt in sich bergend und darum Gegenstand der Sehnsucht aller treukatholischen Herzen, sind das Ziel dieser Wallfahrt. In Rom ist Hoffnung auf eine Audienz beim hl. Vater, und in Jerusalem ist die feierliche Grundsteinlegung zu der Kirche 'Maria Heimgang' auf dem Berge Sion in sichere Aussicht genommen. Schon jetzt hat der Plan in allen Kreisen, in welche dessen Kunde gedrungen, begeisterten Anklang und Beifall gefunden. Die hochwürdigsten Herren Erzbischöfe und Bischöfe Deutschlands haben denselben huldvoll gebilligt und gesegnet. Gott will es! So wandere denn diese herzliche Einladung durch alle deutschen Gaue, um allenthalben in den Reihen des Clerus und der Laien Teilnehmer zu werben für diese erste deutsche Männer-Wallfahrt nach Rom und Jerusalem..." (2/00)

Amtsgericht-Neubau

"**Dieburg**, 23.Juli Bei den Fundamentierungsarbeiten zum Neubau des Kreisamtsgebäudes wurden schon verschiedentlich interessante Funde gemacht. So erinnert ein mächtiger Thorschlüssel wohl an die römische Herrschaft, da hier noch ein Kastell stand; ebenso eine Schicht mosaikartigen Mörtels an ein römisches Badezimmer; alte Thongeschirre finden sich sehr häufig. Am letzten Samstag wurden die Reste eines Reiters samt Roß aus dem dreißigjährigen Krieg entdeckt, der bekanntlich auch unsere Stadt arg mitgenommen hat. Teile der Rüstung, Degen und Eisenbestandteile des Gewehres sind verhältnismäßig gut erhalten. Die Gegenstände wurden von Sachverständigen bereits in Augenschein genommen und dürften wohl dem Landesmuseum einverleibt werden." (7/00)

„**Eppertshausen**, 20. Juli. Einem äußerst frechen Raubanfall wäre gestern Nachmittag 5 Uhr beinahe ein hiesiger Bürger zum Opfer gefallen. Der Kartoffelhändler Stephan Müller V. war auf seinem Heimwege von Frankfurt in die Nähe des weithin bekannten Hofes Grafenbruch gekommen, als zwei Burschen von ungefähr 20 Jahren an seinen Wagen herantraten und baten, mitfahren zu dürfen. Der Fuhrmann lehnte jedoch ab, da ihm die Kerle sofort verdächtig vorkamen. Nun setzten sich die beiden Aufdringlichen dennoch auf die Längwiede. Zum Glück behielt Müller dieselben stets scharf im Auge. Plötzlich sprangen die Strolche auf, warfen Müller eine Pferdedecke über den Kopf und packten ihn, um ihm das Geld abzunehmen. Obschon sich Müller, ein kräftiger Mann, energisch wehrte, hätte der ungleiche Kampf mit den beiden sehr starken Wegelagerern doch ein schlimmes Ende nehmen können, wenn nicht zum Glücke gerade ein Radfahrer aus Frankfurt des Weges gekommen wäre, was die beiden Strolche denn doch zur Flucht veranlaßte. Müller waren die Kleider zerrissen und blutete am Gesichte und Halse, der stark anschwoll. Der Radfahrer eilte nun rasch nach Offenbach, von woher alsbald 4 Schutzleute per Rad eintrafen und den Thatbestand aufnahmen. Die frechen Räuber waren im Dickicht des Waldes nicht mehr zu finden, doch dürfte es noch immer gelingen, derselben habhaft zu werden, da sie von Müller und dem Radfahrer genau dem Aussehen nach erkannt sind." (7/00) ∎

Lesen Sie
die „Starkenburger Provinzial-Zeitung" und
Sie werden finden,
daß es keine billigere, gleich reichhaltige wöchentlich dreimal erscheinende Zeitung gibt.

Die „Starkenburger Provinzial-Zeitung" bringt jede Woche 2 Beilagen, das so beliebte achtseitige Unterhaltungsblatt **„Sterne und Blumen"** und den praktischen, gern gelesenen **„Hausfreund des Landmanns"**.

Die „Starkenburger Provinzial-Zeitung" steht auf dem korrekten Standpunkt des Centrums und sucht die Rechte und Freiheiten des gesamten Volkes nach allen Seiten hin zu schützen, wobei sie der sozialen Frage ganz besondere Aufmerksamkeit widmet. Inbezug auf den Inhalt wird sie bestrebt sein, ihren geehrten Lesern dasselbe zu bieten, wie andere politische Tages-Journale.

Die „Starkenburger Provinzial-Zeitung" kostet bei allen deutschen Postanstalten frei ins Haus gebracht nur **1 Mark** vierteljährlich, am Postschalter abgeholt gar nur 75 Pfennig.

Inserate, welche in der „Starkenburger Provinzial-Zeitung" die weiteste Verbreitung finden, werden pro viergespaltene Petitzeile mit 10 Pfennig berechnet. Bei größeren Aufträgen möglichst hoher Rabatt. Probe-Nummern stehen gratis und franko zu Diensten.

Dieburg, im September 1900.
Redaktion und Expedition
der „Starkenburger Provinzial-Zeitung".

Dieburger Wahlkampf 1903

Zeitungsbeilagen in der Starkenburger Provinzial-Zeitung

Katholische Wähler!
Aufgepaßt!

Reißenden Wölfen im Schafspelz glichen in den letzten Tagen vor der Stichwahl die **sozialdemokratischen Agitatoren Ulrich, Orb, Cramer, Scheidemann** ꝛc. ꝛc., wenn diese **Roten** sich als **Freunde des Zentrums**, als **Beschützer der Religion** ausgaben.

Katholiken! Glaubt nicht dieser bodenlosen Heuchelei! Laßt Euch nicht beirren! Vertraut Euren Führern, sie betrügen Euch nicht!

Ulrich und die Sozialdemokraten sind die **schlimmsten Religionsfeinde!** Darum: **Nieder mit Ulrich!**

Ulrich's Abendblatt hat den **katholischen Glauben** 1000fach verhöhnt, die **Verehrung der Muttergottes verspottet**, unseren Glauben „mittelalterlichen pfäffischen Moderduft" genannt. Darum: **Nieder mit Ulrich!**

Ulrich's Abendblatt hat geschrieben: „Das Papsttum hat blutbefleckte verbrecherische Hände!" Dieses Blatt hat unsere **Bischöfe und Priester** mit den schwersten Beleidigungen überhäuft. Es schreibt: die gläubigen Christen hätten ein Eselshirn! Darum: **Nieder mit Ulrich!**

Ulrich hat im Landtag für **Abschaffung des Religionsunterrichts in den Schulen gestimmt!** Darum: **Nieder mit Ulrich!**

Ulrich hat im letzten Reichstage den **Zentrumsführer** Ballestrem einen **Schuften** genannt, **Ulrich** hat unseren Führern die Worte: **Banditen und Räuberbande** zugerufen und sich dessen später noch gerühmt! Darum nieder mit Ulrich!

Ulrich's Parteigenossen in Mannheim haben geschrieben: Die konservativ-liberal-**ultramontane Sauherde** habe die Reichsverfassung niedergetreten. Darum nieder mit Ulrich!

Katholiken! Ulrich's Maß ist zum Ueberlaufen voll. Kein Katholik darf **Ulrich** zum Siege verhelfen! **Ehre und Gewissen** verlangen **gebieterisch** von uns, daß wir der von **unseren Führern** ausgegebenen Losung treu bleiben, welche heißt:

Nieder mit Ulrich!

Darum auf, Katholiken, zur Stichwahl!

Zahlet Ulrich heim die Schmach, die seine Partei unserem heiligen Glauben, unserer Kirche, unserem Papst, unseren Priestern, unseren Führern, unserer Partei angethan hat!

Wählt alle:

Herrn Dr. Becker zu Sprendlingen.

Katholiken! Benützt die günstige Gelegenheit: **Ulrich zu stürzen!** Er hat es redlich verdient. **In unserer Hand liegt der Sieg!** Auf uns aber ruht auch die schwere **Verantwortung!** Wer nicht wählt, unterstützt Ulrich!

Katholiken! seid Euch dessen bewußt, und darum

Nieder mit Ulrich!

Der Wahlausschuß der Zentrumspartei des Wahlkreises Offenbach-Dieburg.

Druck der „Starkenburger Provinzial-Zeitung" (A. Schumann) in Dieburg.

Bauern, Standesgenossen!

Wen wählen wir am 16. Juni bei der Reichstagswahl?

Unter keinen Umständen können wir einen Sozialdemokraten wählen, denn diese wollen den Ruin des Bauernstandes herbeiführen.

Die sozialdemokratische sächsische Arbeiterzeitung schreibt:

„Wir erklären nicht blos den großen Gutshöfen, sondern auch dem kleinsten Bauernhaus den Krieg!"

Bauern! Deshalb nieder mit den Sozialdemokraten!

Wir wählen einen **ächten Volksmann**, der schon sehr viel für den Bauernstand gewirkt hat, nämlich:

Herrn Güterverwalter Philipp Uebel zu Dieburg.

Herr **Verwalter Uebel** ist als Förderer und eifriger Verfechter der Bauerninteressen bekannt. Seit 1887 ist er in vielen Bauernversammlungen als Redner aufgetreten.

Herr **Verwalter Uebel** ist Gründer vieler Bauernvereine und ländlicher Darlehenskassen.

Herr **Verwalter Uebel** ist Vorstandsmitglied des Hessischen Bauern-Vereins und Mitglied der Rechtsschutzkommission dieses Vereins.

Herr **Verwalter Uebel** steht tagtäglich im persönlichen Verkehr mit Bauern. Schon vielen Standesgenossen ist er mit Rat und Tat beigesprungen!

Herr **Verwalter Uebel** zu Dieburg ist der Freund der Bauern!

Standesgenossen! ihm geben wir unsere Stimme. Laßt Euch von niemanden und durch nichts irre machen, zeigt, daß Ihr Eure Interessen zu wahren versteht!

Wählt Herrn Güterverwalter Philipp Uebel II. zu Dieburg.

Mehrere Bauern des Wahlkreises Offenbach-Dieburg.

Druck der Starkenburger Provinzial-Zeitung (A. Schumann) in Dieburg.

Notzeit statt Siegesjubel

1918

Erster Weltkrieg: Als die deutschen Truppen im August 1914 ins Feld ziehen - im Westen gegen die Franzosen und Engländer, im Osten gegen die Russen - , werden sie mit ungeheurem Jubel verabschiedet. Alles hofft auf einen schnellen Sieg und baldige Rückkehr der Kämpfer.

Doch diese Hoffnung trügt. Zwar meldet die Dieburger Zeitung viele einzelne Erfolge, und die Truppen stehen auch in „Feindesland". Aber ein entscheidender Schlag gelingt nicht. So kommt es zu einem jahrelangen, zermürbenden „Stellungskrieg". Die Opfer zählen bald nach Hunderttausenden. Schließlich sind es Millionen, die irgendwo in einem Kriegsgrab ihr Ende finden. Oder sie werden als „vermißt" registriert, weil sie von den immer schrecklicher werdenden Geschossen unauffindbar zerfetzt sind.

Nach vierjährigem Kampf meldet die Zeitung, daß sich sogar die Männer des Jahrgangs 1901 noch zur Landsturmrolle anmelden müssen. Bei Ausbruch der Feindseligkeiten waren sie 13! Es fehlt aber nicht nur an Kämpfern, je länger das Ringen anhält, sondern auch an Lebensmitteln und vielen Rohstoffen. Denn die „Blockade" der Engländer, die Deutschland von allen Zufuhren über See abschneidet, wirkt sich katastrophal aus und erzeugt zahllose Engpässe.

So auch bei den Zeitungsverlagen. Hunderte von Zeitungen in Deutschland stellen wegen Papier- und Personalmangel ihr Erscheinen ein. Aus der Masse der Pressemeldungen zu dieser Not beziehen sich die folgenden Beispiele auf Brot, Butter, Kohlen, Frauenhaare und Arbeitskräfte. Je mehr Männer an die Front müssen, desto stärker wird der Bedarf an Arbeiterinnen, auch in ganz ungewohnten Branchen. ∎

Frauen und Mädchen

für Munitionsherstellung für unsere Maschinenfabriken Arheilgen und Darmstadt gesucht.

Carl Schenck
Eisengießerei und Maschinenfabrik
G. m. b. H.
Darmstadt.

Bekanntmachung.

Alle im Jahre 1901 geborenen jungen Leute, die das 17. Lebensjahr zurückgelegt haben, haben sich alsbald bei der Bürgermeisterei ihres Wohnortes zur Landsturmrolle anzumelden, soweit dies noch nicht geschehen ist.

In gleicher Weise haben sich alle jungen Leute, die in der Folgezeit das 17. Lebensjahr zurücklegen, bis spätestens 15. des Monats zu melden, der auf den Monat folgt, in dem das 17. Lebensjahr vollendet wird.

Dieburg, 29. Januar 1918.
Der Zivilvorsitzende der Ersatzkommission des Kreises Dieburg.
Graef.

Dienstag den 29. d. Mts. Ausgabe der **Brotzusatzkarten** an **Schwerarbeiter**. Vormittags von 8½ bis 10 Uhr an A—K. von 10—11½ Uhr an L—Z. Samstag den 26. d. Mts. von Nachmittags ab wird auf Butterkarte Nr. 25 **55 Gramm Butter** ausgegeben.

Kohlenausgabe bei Anton Kiefer Samstag den 26. Januar, von 8½ Uhr ab auf Kohlenkarte Z (blau), 1—140 Bezugsschein Nr. 11 ein Zentner, auf Kohlenkarte A (gelb) 1—250 Bezugsschein Nr. 7 ein Zentner Kohlen.
Dieburg, den 24. Januar 1918.
Großherzogliche Bürgermeisterei Dieburg.
J. V.: Rödler, Beigeordneter.

Frauenhaare, Haarabfall

getragene Zöpfe, Haarbeiten, ꝛc. kauft für Heereszwecke die vom Kriegsministerium ernannte

Haarsammelstelle J. W. Zimmer, Frankfurt a. M.
Kaiserstraße 40.
═ Haaraufkäufer gesucht. ═

Wer wird noch Goldschmuck tragen?

> **„Goldopfer.**
> ‚Mädel, du kommst ja gegangen,
> Wie ganz umflossen von rosigem Rot.'
> ‚Ich gab meine Ketten und Spangen
> Meinem Deutschland in heiliger Not!
> Ich kann wohl des Schmuckes entraten.
> Wer jetzt noch dran hinge,
> der täte mir leid.
> Ich kenn einen blinden Soldaten,
> Der gab viel edler Geschmeid'..."
> (2/18)

„Das Vaterland braucht notwendig Euer Gold und Eure Edelsteine": So heißt es in dem Aufruf, der im Februar 1918 in der „Starkenburger Provinzial-Zeitung" erscheint. Es handelt sich um die „Hessische Juwelen- und Goldwoche", deren Schirmherr der Großherzog ist. Die Abgabe wird sogar als besondere Gelegenheit dargestellt und mit dem Zusatz versehen: „Wer wird noch Juwelen und Goldschmuck tragen wollen, der...von großem Nutzen für die Allgemeinheit ist!" Zwar vergütet man die abgelieferten Wertsachen, doch verlieren die meisten Spender diesen Geldwert in der Inflationszeit. Der Aufruf wird noch unterstrichen durch den Hinweis auf die Gebefreudigkeit des Landesherrn und durch ein Gedicht über das „Goldopfer". „Unsere Fürstenhäuser haben schon öfter kostbare Schmuckstücke an die Goldankaufsstellen überweisen lassen. Unser Landesherr hat ebenfalls Gold und Juwelen aus seinem Familienschatze auf den Altar des Vaterlandes niedergelegt; auch hat er sich dahin ausgesprochen, daß am Großherzoglichen Hofe Gold- und Edelsteinschmuck nicht mehr gerne gesehen werde. Folgen wir seinem hochherzigen Beispiele." (2/18) Aber auch Spenden ganz anderer Art sind dringend erwünscht. So sollen Hundebesitzer ihr Tier dem Vaterland „leihen". Sie werden, wie eine große Anzeige in der Dieburger Zeitung vom August 1918 belegt, erheblich unter Druck gesetzt. „Bei den gewaltigen Kämpfen im Westen haben die Hunde durch stärkstes Trommelfeuer die Meldungen aus vorderster Linie in die rückwärtigen Stellungen gebracht. Hunderten unserer Soldaten ist das Leben erhalten, weil Hunde ihnen den Meldegang abnahmen. Militärisch wichtige Meldungen sind durch Hunde rechtzeitig an die richtige Stelle gelangt. Obwohl der Nutzen der Meldehunde überall bekannt ist, gibt es noch immer Besitzer kriegsbrauchbarer Hunde, welche sich nicht entschließen können, ihr Tier dem Vaterlande zu leihen! Es eignet sich Schäferhund, Dobermann, Airedale-Terrier, Rottweiler, Jagdhunde, Leonberger, Neufundländer, Bernhardiner, Doggen und Kreuzungen aus diesen Rassen, die schnell, gesund, mindest 1 Jahr alt und von über 50 cm Schulterhöhe sind. Die Hunde werden von Fachdresseuren in Hundeschulen abgerichtet und im Erlebensfalle nach dem Kriege an ihre Besitzer zurückgegeben. Sie müssen kostenlos zur Verfügung gestellt werden. Abholung erfolgt durch Ordonnanzen. Also Besitzer: Eure Hunde in den Dienst des Vaterlandes!" (8/18) Einerseits geht aus all diesen Meldungen hervor, daß die Not und der Mangel ständig steigen. Andererseits aber sind in der Zeitung auch immer wieder ganz optimistische Parolen zu lesen: „Ein guter Friede muß und wird kommen", „Wir haben die Oberhand behalten", „Das englische Karnickel humpelt zurück" und ähnliche Formulierungen. So ist auch das schwere Jahr 1918 noch erfüllt von Hoffnungen auf ein gutes Ende. ∎

Hessische Juwelen- und Goldwoche
von Sonntag, 17. Februar bis einschließlich Sonntag 24. Februar 1918.
Schirmherr: Seine Königl. Hoheit der Großherzog.

„Wenn in dieser Stunde der Entscheidung jeder wohlhabende Deutsche wüßte, wie sehr er durch die Hingabe seines Juwelen- und Goldbesitzes dazu mithilft, uns den Sieg auf wirtschaftlichem Gebiete zu sichern — niemand würde das geforderte Opfer verweigern."

Mit diesem Ausspruch wendet sich unser verdienter Reichsbankpräsident an alle Juwelen- und Goldbesitzer. Wir verbinden damit den Ruf:

Benutzt die Euch erneut gebotene besondere Gelegenheit und liefert jetzt in der Juwelen- und Goldwoche Euren Schmuck bei den Goldankaufsstellen ab. Das Vaterland braucht notwendig Euer Gold und Eure Edelsteine, je länger der Krieg dauert, desto mehr.

Schieber, Gauner und Kriegsgewinnler

Wo Not herrscht, lassen sich Geschäfte machen. Unerlaubte zwar, dafür aber um so bessere. Eine strikt vaterländische Haltung findet sich keineswegs bei allen Einwohnern. Ganz im Gegenteil...

„**Friedberg,** 22. Aug. Das Kreisamt gibt bekannt, daß von mindestens 200 Kälbern, die wöchentlich aus dem Kreise Friedberg zu Schlachtungen abgeliefert werden müssen, tatsächlich nur 80 bis 90 zur Abgabe kommen. Das Kreisamt gibt dem dringenden Verdacht Raum, daß diese Kälber Geheimschlachtungen zum Opfer fallen. Alle Kreise Oberhessens liefern weit mehr Kälber ab als Friedberg. Sogar von frischmelkenden Kühen verschwanden die Kälber, ohne daß die Landwirte sagen konnten, wohin die Kälber verkauft waren. (!!) Gleiche Klagen erhebt das Kreisamt bezüglich der Anlieferung der Schafe und Hämmel. Zur Bekämpfung dieses Unfugs hat das Kreisamt jetzt Strafen und zur Aufdeckung der Geheimverkäufe und Geheimschlächtereien hohe Belohnungen ausgesetzt." (8/18)

„**Essen,** 18. Juni. In Hamborn wurden große Mehlschiebungen aufgedeckt. Viele Waggonladungen sind verschoben und unter Umgehung der Höchstpreise verkauft worden. Mehrere Verhaftungen sind erfolgt." (6/18)

„**Mainz,** 14. Juni. Die skandalösen Zustände im Kirschenverkauf wiederholen sich in diesem Jahre trotz aller gesetzlichen Maßnahmen genau wieder wie im Vorjahre. Die Kirschenzeit geht wieder vorüber, ohne daß auch nur ein Exemplar dieser Frucht in den Kaufläden oder auf dem Markte zu sehen wäre. Wo die Kirschen hinkommen, das ist kein Geheimnis. Am hiesigen Bahnhofe kann man tagtäglich Leute mit größeren oder kleineren Körben, angefüllt mit den schönsten Kirschen, von den Zügen kommen sehen. Fragt man sie, woher sie die Kirschen bekommen haben, so erhält man meist die Antwort, sie seien von Verwandten, von denen man sie geschenkt erhalten habe. In Wirklichkeit ist es aber nichts als Hamsterware, die zu den höchsten Preisen draußen erstanden wurde..." (6/18)

„**Wöllstein,** 20. Mai. Einem Gaunerstreich ist eine hiesige Familie zum Opfer gefallen. Der Mann, der in Mainz als Soldat dient, traf dort zufällig einen Fremden, der ihm im Laufe des Gesprächs mitteilte, er könne ihm eine größere Menge Kohlen liefern. Daraufhin gab der Soldat dem Fremden seine Adresse an, damit er das Weitere mit seiner Frau in Wöllstein vereinbare. Der Gauner fuhr nun hierher und erzählte der Frau, daß ihr Mann sich in Mainz an einem Vorgesetzten vergriffen habe und sich auf der Flucht befände. Vorerst halte er sich bei seiner Schwester in Mainz versteckt, bis er Zivilkleider und Geld von seiner Frau erhalten habe. Die Frau packte nun rasch einen Sonntagsanzug und die besten Stiefel ihres Mannes und Wäschestücke sowie alles verfügbare Geld zusammen und übergab es dem Schwindler, der damit spurlos verschwand." (5/18)

„**Bielefeld,** 16. Mai. Die Strafkammer verurteilte 15 Landwirte, Händler und Metzger aus dem Kreis Wiedenbrück wegen umfangreicher Geheimschlachtungen und Schleichhandels mit Fleisch zu insgesamt 17 840 Mark Geldstrafe." (5/17)

„**Köln,** 22. Aug. Hier hat bei der Bekleidungsabteilung die Frau eines Kriegsgewinnlers einen Bezugsschein für einen „Sweater" für ihren Hund eingereicht. Die Dame nahm den Antrag bitter ernst, denn sie brachte das Attest eines Tierarztes bei, dahin lautend, der Hund leide an Rheumatismus und bedürfe daher eines gestrickten warmen Sweaters. So also bemüht irgend ein reiches Frauenzimmer zu Beginn des fünften Kriegsjahres eine Behörde und einen Tierarzt für ihren Hund, in einer Zeit, wo es Millionen Kindern an Strümpfen und zahlreichen Schwerkranken an ausreichender ärztlicher Hilfe fehlt. Die Kölner Bekleidungsabteilung hat das unverschämte Ansinnen natürlich abgelehnt. Der Antrag wird im 'Kriegsmuseum' aufbewahrt."(8/18) ∎

Der Zusammenbruch

Das Seltsame am deutschen „Zusammenbruch" von 1918 ist der ungeheure Gegensatz zwischen den großen Siegeshoffnungen und dem urplötzlichen Aufgeben. Schuld daran trägt eindeutig die militärische Führung. Wie überall, so stehen auch in der Dieburger Zeitung im allgemeinen nur positive Nachrichten von der Front. Allenfalls gibt es kleine Einräumungen zu lesen wie: „Unsere Nachhuten weichen kämpfend aus."

Wer aber denkt schon, wenn der Angriff des Feindes als „gescheitert" und „zusammengebrochen" bezeichnet wird im Heeresbericht, daß die Niederlage unmittelbar bevorsteht? Einmal jedoch ist es deutlich anders:

„Der Angriff, den der Feind gestern unternahm, glückte ihm. Die englischen Truppen sind bis zu einer Tiefe von 10 km vorgedrungen...Es soll nicht verschwiegen werden, daß diese Schlacht südlich der Somme uns durch die Zahl der Gefangenen, die wir verloren haben, und durch den Verlust an Geschützen empfindlich trifft." (8/18)

Auf die Erklärung der militärischen Führung hin, den Krieg nicht mehr gewinnen zu können, sind es dann die Politiker, die den amerikanischen Präsidenten Wilson ersuchen, einen Waffenstillstand herbeizuführen. Also kann man später diesen Politikern und der im November ausbrechenden Revolution die Schuld an der Niederlage zuschieben. Das ist die Ausgangslage für die üble „Dolchstoßlegende", die aus psychologischen Gründen von sehr vielen Deutschen nur allzu gern geglaubt wird. Der Leser des Dieburger Blattes kann jedoch den wahren Zusammenhang deutlich erkennen. Denn der Artikel „Die Vorgeschichte der Revolution" vom November stellt die Reihenfolge der Handlungen ganz situationsgetreu dar. Inzwischen aber werden ungeheuerliche Meldungen gedruckt: Revolution vielerorts, vor allem in Berlin. Ausrufung der Republik.

Ein Katalog von Bedingungen für den Waffenstillstand regnet herab, von denen eine schlimmer ist als die andere. Die ersten acht davon im Originaltext:

1918

Die Waffenstillstandsbedingungen.

Berlin, 10. Nov. Folgendes ist ein Auszug aus den Waffenstillstandsbedingungen:

1. Inkrafttreten sechs Stunden nach Unterzeichnung.
2. Sofortige Räumung Belgiens, Frankreichs und Elsaß Lothringens binnen 14 Tagen, was von Truppen nach dieser Zeit übrig bleibt, wird interniert oder kriegsgefangen.
3. Abzugeben 5000 Kanonen, zunächst schwere, 30 000 Maschinengewehre, 3000 Minenwerfer, 2000 Flugzeuge.
4. Räumung des linken Rheinufers, Mainz, Koblenz und Köln besetzt vom Feinde auf Redius 30 Kilometer Tiefe.
5. Auf dem rechten Rheinufer 30 bis 40 Kilometer Tiefe neutrale Zone, Räumung in 14 Tagen.
6. Aus linkem Rheinufergebiet nichts hinwegführen, alle Fabriken, Eisenbahnen usw intakt gelassen.
7. 5000 Lokomotiven, 150 000 Waggons, 10 000 Kraftwagen abzugeben.
8. Unterhalt der feindlichen Besatzungstruppen durch Deutschland,

Revolution aber auch in Hessen, in Darmstadt. Ein „Arbeiter- und Soldatenrat" beauftragt den Sozialdemokraten Carl Ulrich mit der Bildung einer Regierung. Der Großherzog wird abgesetzt, Hessen ist Republik, wird „Volksstaat Hessen" heißen.

Von den Dieburger Geschehnissen findet sich im Blatt abgedruckt ein Appell an die „Mitbürger", in gemeinsamer Arbeit mit dem „Arbeiter-, Bürger- und Bauernrat" der Stadt die öffentliche Ordnung aufrecht zu erhalten. Auch das aus

**Wiegt Eure Kartoffeln täglich ab.
Die Tageskopfmenge beträgt ein Pfund.
Streckt die Kartoffeln durch Verbrauch von Rüben.
Ersatz für vorzeitig verbrauchte Kartoffeln erfolgt nicht.**

Berlin gemeldete „Sozialistische Programm" kommt zu Wort.

Doch entscheidend für die Belange in Dieburg und den katholisch orientierten Orten in der Umgebung - wo bei allen bisherigen Wahlen ein sehr deutliches Übergewicht des Zentrums zu verzeichnen war - ist der „Aufruf" dieser Partei vom 14. November 1918. Er ist unterzeichnet von „in Berlin anwesenden Mitgliedern der Zentrumsfraktion des Reichstages". Allen revolutionären, linksradikalen Bestrebungen erteilt er eine klare Absage und warnt vor der Gefahr einer Besetzung des ganzen Landes durch die Truppen der Kriegsgegner. Das Wichtigste ist die Forderung nach einer gesetzmäßig gewählten Nationalversammlung. Damit trifft das Zentrum mit Sicherheit die allgemeine Meinung der katholischen Mehrheit unter den Bürgern in Dieburg.

Aufruf des Zentrums

"Männer und Frauen vom Zentrum!
...Berlin ist nicht Deutschland. Berlin ist nicht das deutsche Volk...Das deutsche Volk erträgt keine Diktatur. Es unterwirft sich keiner Klassenherrschaft. Es bestimmt die Grundlagen seines staatlichen Lebens aus eigenem Recht. Alle Deutschen haben an dieser Selbstbestimmung gleichen Anteil...Verlangt Ordnung, Gesetzmäßigkeit!
...Fordert die Nationalversammlung!..." (11/18)

Die Bestätigung für diese Ansichten folgt 1919 durch die Wahlen: Sie bringen dem Zentrum in Berlin eine wesentliche Mitsprache durch die Beteiligung an der Reichsregierung und in Dieburg im Gemeinderat die absolute Mehrheit.

Selbstverständlich treiben die Tage der Umwälzung ihre kriminellen Blüten. So scheint im revolutionären November die Zeit besonders günstig für die Aneignung von fremdem Geld und Eigentum:

„Darmstadt, 13. Nov. In der verflossenen Nacht kamen fünf Soldaten nach Bürstadt und verlangten vom Bürgermeister angeblich im Auftrag des Arbeiter- und Soldatenrates 5000 M. Die Leute hatten die Seitengewehre aufgepflanzt und bedrohten den Bürgermeister, der sich gezwungen sah, den Rechner zu veranlassen, das Geld auszuzahlen. Es handelt sich um einen Schwindel, der auch in Nachbarorten ausgeführt worden ist. Der Arbeiter- und Soldatenrat hat die Staatsanwaltschaft veranlaßt, die Sache zu untersuchen." (11/18)

„Budapest, 13. Nov. Bei Beraubung eines Petroleumzuges in der Nähe von Szabadka durch Bauern erfolgte eine Explosion, wodurch 60 Personen getötet, über 100 verletzt wurden." (11/18)

Aufschlußreich für die politische Lage in Dieburg ist schließlich ein Artikel, der im Dezember 18 im Blatt erscheint. Er befaßt sich mit den Namen der politischen Parteien, die sich zum Teil geändert haben. Genannt ist als Beispiel neben anderen die „Deutsche Volkspartei" (früher Nationalliberale Partei). Zur Situation beim Zentrum führt die Zeitung aus:

„...Zentrum und Sozialdemokratie haben ihre früheren Namen beibehalten. Von einzelnen Parteianhängern des Zentrums wurde allerdings der Vorschlag gemacht, der Benennung 'Zentrum' noch die Bezeichnung 'Freie deutsche Volkspartei' oder 'Christliche demokratische Volkspartei' beizufügen. Wir halten diese Neuerung für vollständig überflüssig. Die Bezeichnung 'Zentrum' hat bei unserem Volke einen guten Klang. Daß unsere Partei immer einer gesunden christlichen Demokratie das Wort geredet hat, ist hinlänglich bekannt. Wir haben daher ebensowenig Grund, den Namen zu ändern, wie unser altbewährtes Programm. Zentrum muß nach wie vor für uns Trumpf bleiben." (12/18) ■

Handgranaten und ein verdächtiger Sarg

1919

Nach Krieg und Umsturz stehen auch im Folgejahr noch Meldungen von unüblichen Vorgängen im Dieburger Blatt. Denn schon hat die neue Obrigkeit Sorgen mit der Jugend. Waffen stiften auch weiterhin Unheil, und der Mangel an Lebensmitteln und Gebrauchsgütern beschäftigt die Phantasie auf der Suche nach Auswegen:

„Mainz, 5. Sept. Am Floßhafen probierten 3 Männer die Angelfischerei mittels der aufs schärfste zu verurteilenden Methode des Handgranatenwerfens. Hierbei explodierte eine Granate vorzeitig und traf 2 der Männer so schwer, daß der eine auf dem Wege nach dem Krankenhaus starb, der andere lebensgefährlich verletzt darniederliegt." (9/19)

„Der Volksrat der Republik Hessen hat folgende beherzigenswerte Bekanntmachung erlassen: 'Bei Schülern und Schülerinnen sowie Jugendlichen beiderlei Geschlechts ist vielfach die Meinung verbreitet, als ob man in der Republik unumschränkte Freiheit genieße und machen könne, was man wolle. Diese Ansicht unserer Jugend ist irrig. Wir können unter keinen Umständen mehr dulden, daß Kinder und Jugendliche sich allabendlich in den Straßen herumtreiben. Wir machen die Eltern und Vormünder darauf aufmerksam, daß sie für ihre Kinder bzw. Schutzempfohlenen verantwortlich sind, und daß auf Grund der bestimmenden Gesetze eventuell notwendige Fürsorgemaßnahmen eingeleitet werden können.'" (2/19)

„Frankfurt, 23. Okt. An der Fahrplantafel des Hauptbahnhofes studierte ein eben aus französischer Gefangenschaft zurückgekehrter Soldat den Abgang des Zuges nach Hünfeld; zu ihm gesellte sich ein aus englischer Gefangenschaft Zurückgekehrter. Aus ihrem Gespräch ergab sich, daß beide nach Hünfeld wollten. Sie stiegen zusammen in den Zug, der sie der langentbehrten Heimat zuführen sollte. Während der Fahrt fragte natürlich der eine den andern wohin er wolle, zu wem er gehöre usw. Und da stellt es sich heraus, daß beide Brüder waren, Söhne des Herrn Jokisch aus Gruben. Die Freude über das Erkennen kann man sich vorstellen. Beide hatte der Krieg mit seinen Strapazen und die lange Gefangenschaft derart verändert, daß sie einander nicht mehr kannten." (10/19)

„Montabaur, 7. Sept. In Hilgert wurden drei Schulknaben von einer explodierenden Handgranate, die sie auf der Straße fanden, schwer verletzt. Bei zwei Knaben besteht Lebensgefahr." (9/19)

„Heidelberg, 28. Okt. Ein aus der Gegend von Wiesloch kommender Leichenwagen wurde unterwegs angehalten und der Sarg geöffnet. Es zeigte sich, daß man mit Recht Verdacht geschöpft hatte, denn in dem Sarg lag keine menschliche Leiche, sondern ein frisch geschlachtetes Schwein, das sofort beschlagnahmt wurde." (11/19)

Radfahrer Achtung!!!

Gummireifen gibt es vorläufig nicht. Tausende Radfahrer fahren auf meiner Kriegsbereifung. Beste und billigste der Gegenwart. Jeder kann die Reifen leicht auflegen. Große Haltbarkeit, sehr leichtes fahren. Fordert Preisliste für Kriegsbereifung Nr. 10 mit Abbildungen umsonst.

Österreich. Ein schönes Beispiel liest man über die Kunst, sich schnell anzupassen, wenn es gilt, sich aus einer adelsbetonten Monarchie zu verabschieden und in einer schlichten Republik weiterzuleben. Das Exempel wird von der Dieburger Zeitung aus Österreich übernommen. Die Fuchsstute eines gewissen Herrn Skala hörte früher auf den Namen „Zita v. The Plunger a. d. Muda Worthy v. Axworthy". Jetzt heißt sie ganz einfach „Zirl". Der Kommentar zur Meldung lautet:

„Ein lieber Schäker! Zuerst dienerte dieser Herr Skala geschmackvoll nach oben hin. In dem Rennen um die Gunst der jeweils Herrschenden kommt ihm selbst sein schönes Rennpferd nicht nach. Ein Glück nur, daß dieses einen Roßmagen hat." (3/19) ■

Statt Frieden bittere Pillen

Im ersten „Friedensjahr" 1919 überwiegen bei weitem die schlechten Nachrichten. Vergnügungen sollen unterbleiben, wie in den Meldungen zu lesen ist.

> **Darmstadt, 8. Febr.** Das Polizeiamt gibt bekannt: Der Ernst der Zeit verlangt, daß in diesem Jahre alles karnevalistische Treiben unterbleibt.

> **An die verehrlichen Inserenten.**
> Während der Fastenzeit bitten wir, von sämtlichen **Vergnügungsanzeigen** absehen zu wollen.
> Die Redaktion.

1919 Zu den üblen Ereignissen gehört die Besetzung des Rheinlandes durch die Franzosen. Der „Volksstaat Hessen" ist dadurch stark betroffen: Die ganze Provinz Rheinhessen gelangt unter Besatzungsrecht, desgleichen auch der Landkreis Groß-Gerau, der westliche Teil des Landkreises Darmstadt sowie einige Orte des Kreises Offenbach (22).

> **Katholischer Kirchenkalender** der Pfarrei Dieburg für 1919 zu haben in der Expedition unseres Blattes.

Vor allem aber gehört auf die schlimme Seite der als fürchterlich entehrend und schmählich empfundene Vertrag von Versailles. Die Reichsregierung wehrt sich eminent gegen ihn:
„An das deutsche Volk!....was uns in den Friedensbedingungen geboten wird, widerspricht der gegebenen Zusage, ist für das deutsche Volk unerträglich und auch bei Aufbietung aller Kräfte unerfüllbar. Gewalt ohne Maß und Grenzen soll dem deutschen Volk angetan werden. Aus solchem aufgezwungenen Frieden müßten neuer Haß zwischen den Völkern und im Verlaufe der Geschichte neues Morden erwachsen..." (5/19)

Aus heutiger Sicht hören sich diese Sätze wahrhaft prophetisch an. Ein Aufruf der Zentrumspartei ist von gleicher Entrüstung getragen:
„Mit haßgeballter Faust will der Siegerdünkel der Feinde uns zerschmettern. Wir sollen nicht arbeiten, wir sollen nicht schaffen, nicht leben dürfen! Als Parias der Menschheit sollen wir ausgestoßen werden aus dem Verband der Nationen und zum bleibenden Sklaventum verdammt sein. Unser redlicher Wille zum Frieden auf der Grundlage der Versöhnung und Gerechtigkeit wird mißachtet und mit Füßen getreten..." (5/19)

Soll man einen solchen „Vertrag", der dem niedergebeugten deutschen Reich auch noch die Alleinschuld am Krieg aufbürdet, überhaupt unterzeichnen? Schließlich aber erzwingen die Drohungen der Sieger die Unterschrift. „Die Deutschen", heißt es bei Golo Mann, „unterzeichneten unter Protest, weil sie mußten. Sie nannten den Vertrag ein 'Diktat', und das war er auch..." (23)

In diesem Zusammenhang ereignen sich viele Ungerechtigkeiten und Gemeinheiten. Auch sie finden Erwähnung in der Zeitung und erregen die Gemüter. Die „Hungerblockade" gehört dazu, die fortgesetzt wird. In Wiesbaden muß man französischen Offizieren selbstverständlich das Trottoir freimachen. Überall fehlen Kohlen, weil vor allem durch die Beschlagnahme die Transportmittel fehlen.

Ein Viertel der französischen Besatzungssoldaten sind Schwarze aus Afrika, was als besonders schmachvoll empfunden wird. (24) Zwei Beispiele solcher Nöte folgen hier, von denen in der Dieburger Zeitung zu lesen ist: Der Bericht über Verwüstungen durch die französische Besatzungsmacht und die Annonce zu einer Kundgebung für die Rückkehr der Kriegsgefangenen.

„....Kurz nach 6 Uhr begann auf der Straße Frankfurt-Mainz der Rückmarsch auf Mainz. Ein furchtbares Durcheinander, das jeder Beschreibung spottet, ein entsetzlicher Vernichtungstaumel raste mit einemmale durch die Soldaten. An den

Landstraßen hieb man die Bäume um und schmückte Roß, Geschütz und Mann mit dem Gezweig. Die Obstbäume in den Gärten sanken dahin, kein Blumenstock, kein Gemüsebeet, keine Weinranke blieb verschont, Obstgärten und Vorgärten in Dorf und Stadt gleichen heute verheerten Schlachtfeldern. Aus einer Gärtnerei in Sossenheim stahl die Soldateska das letzte Blümlein. Der Nieder-Wald bildet eine einzige Wüstenei, so furchtbar hausten die Senegalneger in ihm. Der Höchster Stadtpark gehört der Vergangenheit an. Korn- und Kartoffelfelder gab es für 1919 im Gebiet der Rückzugsstraße einmal. Furchtbar ließ man vereinzelt seinen „Siegerübermut" auch an Haus und Hof aus. Ein jüdisches Kinderheim in Soden wurde seiner Einrichtung beraubt. Tausende von Fensterscheiben fielen allerorten am Montag abend zu Boden; die Täter waren trunkene Soldateska ohne jede Manneszucht, Mißhandlungen waren gestern gang und gäbe..." (6/19)

Schließlich zitiert die Zeitung in Dieburg ein „schwedisches Blatt", das bei den Kosten von 500 Milliarden Mark, die der Erste Weltkrieg gekostet hat, errechnete, was man schon für ein Fünftel dieser Summe an Nützlichem und Segensreichem hätte anschaffen können:
„12000 Schulen...
1000 Krankenheime...
2000 Hochschulen...
500 Universitäten...
3000 öffentliche Bibliotheken...
200 Museen...
6 Millionen Altersrenten...
80000 Häuser mit 6 Zimmern...
2000 Theater..."usw.

Die lange Aufzählung beschließt das Dieburger Blatt mit einer bemerkenswerten Betrachtung:
„Nimm nun das Sechsfache dieser Summe und entsetze dich darüber. O ungeheure Sintflut der Verwüstung auf dem europäischen Siegsfriedhof! Bis zum Abgrund der Vernichtung zerfleischen sich die Völker, sie, die vor dem Kriege in Verblendung wähnten, sie bräuchten keinen Gott, keine Religion mehr: die da glaubten, die Menschheit stünde auf dem Gipfel der Kultur." (9/19)

Ein Text zu der Sinnlosigkeit von Kriegsausgaben, wie er übrigens schon einmal, in anderer Form, als Zitat aus einem Baseler Blatt 1867 in der Dieburger Zeitung stand - veröffentlicht mit einigem Mut durch den damaligen Redakteur G.A.Glässer. (25) ■

Einladung.

Nächsten Sonntag, den 7. September, nachmittags 2 Uhr findet im Saale des Hotels „Mainzer Hof" zu Dieburg eine öffentliche Kundgebung für die

Rückkehr unserer Kriegsgefangenen

statt, zu welcher alle Familienangehörigen von Kriegsgefangenen im Kreise Dieburg hiermit freundlichst eingeladen werden.

Dieburg, am 1. September 1919.

Nebel, Abgeordneter.

Besitz von
Heeresgut aus unlauteren Quellen
wird bestraft mit
Gefängnis
bis zu 5 Jahren und 100000 M. Geldstrafe.
Darum:
Liefert ab!
Reichsverwertungsamt Berlin W 8.,
Friedrichstrasse 66.

Gutes und Böses – wie seit jeher

1919

„**Dieburg.** Die freiherrliche Familie von Fechenbach-Laudenbach hat der St. Rochusanstalt in Dieburg zum Bau eines neuen Krankenhauses 10 Morgen Feld geschenkt. Der Bauplatz liegt hinter der Schießmauer im sog. 'Nizza' und ist etwa 3 Morgen groß. Das übrige Feld, das in anderen Fluren liegt, ist dazu bestimmt, durch Tausch oder Verkauf zur Vergrößerung des Bauplatzes zu dienen. Auf diese Weise soll ein Hausgarten und ein kleiner Park als Erholungsort für die Kranken geschaffen werden. Die Familie von Fechenbach hat dadurch gezeigt, daß sie Verständnis hat für die Bedürfnisse der Gegenwart. Sie darf unseres immerwährenden Dankes versichert sein." (12/19)

Auf die gute Seite gehören auch die Meldungen darüber, daß sich im Ausland Mitleid regt mit der hungernden deutschen Bevölkerung. So trifft amerikanisches Schweinefleisch ein, im November verzeichnet man eine „Schwedische Weihnachtsgabe", dann kommen Pakete aus den USA. Aber auch Untaten fehlen nicht:

„**Mannheim,** 4. Mai. Ein raffinierter Raubmord wurde am Freitag an der 20 Jahre alten Ehefrau Anna des Zimmermanns Rauber verübt. Bei ihr erschien ein unbekannter Mann, der angab, ihre Kartoffelvorräte nachkontrollieren zu müssen. Die Frau ging mit ihm in den Keller, wo er sie dann durch Stiche in den Hals ermordete. Als der Ehemann später nach Hause kam und seine Frau suchte, fand er sie tot im Keller vor. Der Mörder muß nach der Tat der Frau die Schlüssel abgenommen haben und in die Wohnung eingedrungen sein, da aus derselben 1200 Mk. verschwunden sind. Der bis jetzt unbekannte Täter muß mit den Verhältnissen des erst 14 Tage verheirateten Ehepaares gut vertraut gewesen sein." (5/19)

„**Osnabrück,** 1. Dez. Ein böses Abenteuer erlebte ein Dieb, der in Powe in ein Gehöft eingedrungen war, um ein Schwein zu stehlen. Der Dieb war nicht wenig erschreckt, als er beim Betreten des Schweinekobens plötzlich von einem auf den Hinterbeinen stehenden zottigen Bären umfaßt wurde, der ohne Umstände den Dieb kräftig in die Tatzen nahm und mit dem ungebetenen Eindringling zu kämpfen begann, wobei dem Hören und Sehen verging. Das Gepolter im Schweinekoben, das wütende Brummen des Bären und die Hilferufe des Diebes lockten die Hausbewohner herbei, und es gelang diesen, den übel zugerichteten und aus mehreren Wunden blutenden Eindringling aus den Armen seines wütenden Gegners zu befreien. Der Bär gehörte einem herumziehenden Bärenführer und war für die Nacht im Schweinestall untergebracht worden. Der Dieb konnte noch von Glück sagen, daß der Bär einen Maulkorb trug, wer weiß was ihm sonst passiert wäre...Jetzt befindet er sich in einem Osnabrücker Krankenhause." (12/19)

„**Darmstadt,** 6. Sept. Ein gemeiner Lustmord wurde gestern in der Nähe des Frankensteins an dem 7 Jahre alten Töchterchen des Wirtes Hufnagel vom Frankenstein begangen. Das Kind geht in Nieder-Beerbach zur Schule, kehrte Mittags nicht zurück und fand man Abends 7 Uhr in der Gemarkung Nieder-Beerbach etwa 25 Meter seitwärts des Fußpfades nach dem Frankenstein die Leiche des Kindes. Anscheinend ist es vergewaltigt und dann ermordet worden. Der Tat verdächtigt ist ein bisher unbekannter Mensch von untersetzter Figur im Alter zwischen 20 und 30 Jahren." (9/19) ∎

„Dirnengeschichten" und „Niggerkultur"

Das Kino steigt noch vor dem Radio zur Unterhaltungsinstanz Nr. 1 auf. So auch in Dieburg. Die Titel der Filme allerdings scheinen dieses Medium auf Krimis, Lachnummern und zwielichtige Angelegenheiten einzuengen.

Immer wieder tauchen in der Zeitung deshalb zornige Stellungnahmen gegen das Kinoprogramm auf:

„Das Lichtspiel mit seinen immer wechselnden Überraschungen könnte eine Quelle reinster Freuden und selbst edlen Kunstgenießens sein. Auf billige und einfache Weise lassen sich künstlerisch schöne Menschengruppen, technisch bemerkenswerte Arbeiten und Einrichtungen, fremdartige Städte und Länder den weitesten Kreisen des Volkes vorführen. Kurz man hat im Lichtspiel das Werkzeug, um ein arm gewordenes Volk, wie wir Deutsche es jetzt sind, auf unterhaltsame Art zu belehren und zum Verstehen des Schönen anzuleiten. - Was aber hat der Mammonismus aus dem Lichtspiel gemacht?

Seit Monaten verfolge ich mit wachsendem Entsetzen den Titel in den Lichtspielankündigungen. Will man denn nirgends verstehen, was hier vor sich geht? Einige Proben aus den jüngsten Tagen mögen für sich selber sprechen: Der Weg, der zur Verdammnis führt; Hyänen der Luft; Aus dem Tagebuch einer Verlorenen; Die gestörte Hochzeitsnacht; Die Sünde wider das Weib; Opium oder das Laster Chinas...Verlorene Töchter und so weiter und so weiter. Was zeigen die Filme unserer mit Taschengeld reichlich versehenen Jugend Tag für Tag? Antwort: Dirnengeschichten und Bordellszenen..." (7/19)

Ganz ähnlich ein aus München übernommener Beitrag unter der Überschrift „Kinoseuche":

„Eins der Uebel, die in der neuen 'Freiheit' mächtig emporgeschossen sind, ist die Kinoseuche. Mit ihr hat sich jüngst in einem bemerkenswerten einstimmigen Beschluß der hiesige Stadtlehrerrat befaßt. Er warnt die Eltern vor den 'ungeheuren Gefahren, die im Kino von heute auf ihre Kinder lauern': Vernichtung des Sparsinns, Verwirrung der Eigentumsbegriffe, Gewöhnung zum Müßiggang, Verrohung und Anreiz zu verbrecherischen Handlungen, Zerstörung jeglichen Schamgefühls, ja geradezu die Erzeugung sexueller Verderbtheit. 'Eltern, ihr ruiniert eure Kinder in Grund und Boden hinein, wenn ihr sie nicht dem Kino vollständig fernhaltet.'"(11/19)

Interessant ist ein Leserbrief - man nennt ihn damals 'Eingesandt' -, der zunächst einen vehementen Appell zum Inhalt hat, daß Straßburg wieder deutsch werden muß. Anschließend wendet sich der unterzeichnete „Feldzugssoldat" gegen die „modernen Tänze" und äußert mit seinen Vorwürfen gegen das Ausland und der Wut über den Versailler Vertrag im Grunde ganz ähnliches wie die Kino-Kritiker - schon 14 Jahre vor Hitlers Machtantritt:

„...die Feldsoldaten müssen es sich verbitten, daß irgendwer Straßburg, die wunderschöne Stadt.... unter die Städte des Auslands zählt. Straßburg bleibt eine deutsche Stadt, auch wenn es jetzt durch

Lichtspiel-Theater Dieburg
„Zum weißen Roß."
Achtung!   Heute Abend ¾9 Uhr   Achtung!
Nochmals der
Große Kultur- u. Warnungsfilm
Verlorene Töchter.
6 Akte   2500 Meter lang   6 Akte
mit eigens dazu verfaßter Musik.

einen Schmachfrieden, den wir nur zähneknirschend ertragen, vorübergehend zu Frankreich geschlagen ist. Das wollen wir im Herzen tragen und den Tag erwarten, an dem die deutsche Fahne wieder auf dem Münsterturm flattert. In diesem Gedanken möchte es mir scheinen, daß der deutschen Jugend jetzt nicht der Sinn nach den läppischen Körperverrenkungen der modernen Tänze stehen möge, wie sie uns amerikanische Nigger- und Mestizen-Kultur in Form von Tango, Matschiche, Fox-Trott usw. beschert hat. In den Bars und Spelunken der Auslandsstädte mögen sie am Platze sein, da gehören sie hin; sie und ihre Meister." (9/19)   ■

Im Namen des Vorstandes der Starkenburger Provinzial-Zeitung bittet Uebel auf dieser Postkarte Heinrich Herrmann, zur ersten Verkaufsverhandlung nach Dieburg zu kommen.

Heinrich Herrmann übernimmt die Dieburger Zeitung

1922 Von größter Bedeutung für die „Starkenburger Provinzial-Zeitung" ist das Jahr 1922: Im April übernimmt Verleger Heinrich Herrmann das Blatt. Damit endet die genau 30jährige Periode, in der es als GmbH im Besitz des katholischen Dekanats war. Herrmann erwirbt ein Unternehmen, das nur mit größter Not den Ersten Weltkrieg überstanden hat und nun in berufene Hände gelangt.

Zum einen nämlich teilt der neue Chef den Standpunkt der bisherigen Redaktionen dieses Heimatblattes und führt es, politisch gesehen, weiter im Geiste der Zentrumspartei und ihres Eintretens für sittliche Werte. Es besteht also für die katholische Leserschaft kein Grund, der Zeitung untreu zu werden.

Zum anderen aber ist Herrmann ein „von der Pike auf gelernter Buchdruck- und Zeitungsfachmann". (26) Er stammt aus Würzburg und gelangt über Tätigkeitsfelder in Kitzingen, München und Würz-

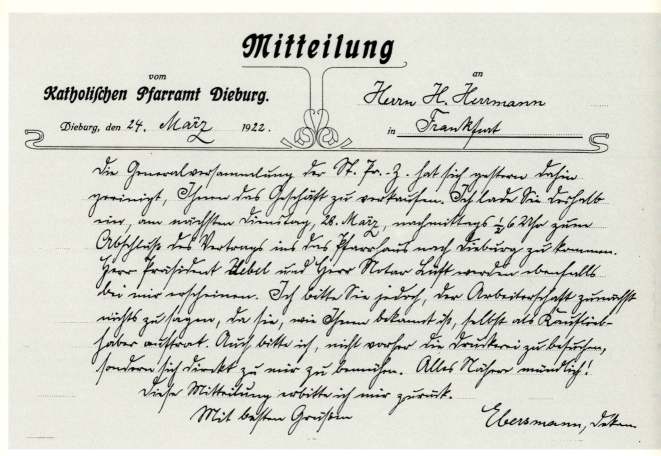

burg als technischer Leiter des Zentrumsblattes nach Konstanz, dann nach Neckarsulm als Geschäftsführer, Verlagsleiter und zeitweise Redakteur des Zentrumsblattes für das württembergische Unterland. Schließlich wirkt er - bereits in der Nähe von Dieburg - als Oberfaktor und Betriebsleiter an der „Frankfurter Volkszeitung". (27)

Den Lesern stellt sich Heinrich Herrmann am 22. April 1922 so vor:
„...Die politische und religiöse Tendenz der nunmehr im 74. Jahrgang erscheinenden 'Starkenburger Provinzial-Zeitung' wird von mir in der gleichen Weise wie bisher hochgehalten.
Meine jahrzehntelange Tätigkeit im Beruf sowie in leitenden Stellungen und meine reichen fachmännischen Erfahrungen im Zeitungswesen und Druckereigewerbe in einer Reihe mittlerer und großer Betriebe bieten Gewähr, daß Geschäftsführung und Redaktion in guten Händen sind.
Ich bitte höfl. um das Vertrauen der geschätzten Einwohnerschaft Dieburgs und des ganzen Kreises und knüpfe gleichzeitig das erg. Ersuchen daran, der 'Starkenburger Provinzial-Zeitung' in dieser teuren Zeit, unter der auch das Zeitungsgewerbe ungemein schwer zu kämpfen hat, um die Treue und weitgehendste Unterstützung. Ich werde bemüht sein, soweit es in meinen Kräften steht und es die Verhältnisse erlauben, die Zeitung und Druckerei auf moderne Grundlage zu stellen.
Indem ich allen ohne Unterschied ein herzliches 'Grüß Gott' zurufe, empfehle ich mich bestens."

Allerdings ist, wie sich zeigt, der Zeitpunkt zu einem Aufschwung bei dem Dieburger Blatt äußerst ungünstig. Denn

Gruppenfoto des Personals der Starkenburger Provinzial-Zeitung im Haus Steinstraße. Anlaß ist das 50jährige Setzer-Jubiläum von Christoph Susann (Mitte) 1924. Die Mitarbeiter von links: Andreas Sattig, Wilhelm Wohlfarth, Jean Sterkel, Willi Müller, unbekannt, unbekannt. Sitzend: Paul Herrmann, Christoph Susann, Heinrich Herrmann, Maria Herrmann.

1923

das Wirtschaftsleben, bereits verunsichert durch die unruhigen Jahre nach dem Ersten Weltkrieg, wird schon wenige Monate nach dem Kauf durch den schweren Schlag der nun galoppierenden Geldentwertung getroffen. Es ist die berüchtigte Inflation, die zahlreiche Unternehmungen zerstört und den privaten Geldbesitz ungezählter Bürger ruiniert.

Die Zeitung in der Inflation

Auch die Dieburger Zeitung gerät in Gefahr und muß sich mehrfach an die Leser wenden und geradezu inständig um weitere Unterstützung und Verständnis für die geldlichen Nöte bitten. Denn die Entwertung schreitet schneller fort, als die Maschinen die jeweils neuen Beträge ausdrucken können. So ist im August 1923 bei den Kunden eine Nachzahlung fällig von 40.000 Mark.

Doch es kommt noch viel ärger. Die November-Rate der Zeitung erreicht absolut irrsinnige Summen. Im Blatt steht jetzt ein Hilferuf des Verlags:

„Wenn wir vorerst noch weiterbestehen wollen..., dann müssen wir die 1. November- Rate auf - 1 Milliarde - festsetzen, - erschrick nicht, liebe Leserin und Leser!...helft mit, daß...Setzer und Drucker, die im Dienste dieser Zeitung alt geworden sind und ihr fast alle über 25 Jahre treu gedient haben, nicht brotlos werden." (10/23)

Schließlich übersteht das Blatt aber diese schlimme Krise - neben der angelaufenen Modernisierung des Maschinenparks eine erste Probe vom Können des neuen Chefs. Daß er der richtige Mann auf dem richtigen Posten ist, zeigt sich an weiteren wichtigen Maßnahmen, mit denen er die Weichen auf eine bessere Zukunft des Unternehmens stellt. Im April 1924 erscheint die Zeitung in bedeutend vergrößertem Format. „Diese Maßnahme und Verbesserung, die sich

> Wir bitten unsere Postbezieher dringend, um sofortige Einsendung der 1. und 2. Nov.=Rate - insgesamt **5 Milliarden, 983,5 Millionen.**
> Die der vorigen Woche beigelegte Zahlkarte, wolle man gefl. entsprechend dem erhöhten Betrag, handschriftlich ergänzen.
> **Der Verlag.**

in vielfacher Hinsicht als dringend notwendig erwies, wurde in verhältnismäßig kurzer Zeit durchgeführt. Das nunmehrige Format ist das sogenannte Normal- oder Berliner Format, das wohl die meisten Kreis- und Provinzblätter schon längst eingeführt haben."

Die Starkenburger Provinzial-Zeitung wird Tageszeitung

Ab Januar 1925 erscheint die Dieburger Zeitung täglich - dies geschieht zum ersten Mal im Laufe der fast schon 80jährigen Geschichte des Blattes! Freilich werden nun die Räumlichkeiten in der Steinstraße zu eng, und so steht als Vorbereitung für die nächste Neuerung die Suche nach einem größeren Domizil an. Dabei ergeben sich Schwierigkeiten. In der Stadtmitte ist kein geeigneter Platz zu bekommen. Denn „es herrschte seit 1918 nach dem großen Kriege noch vielfach Wohnungsnot, so daß auch alte Häuser im Zentrum des 6300 Ew. zählende Städtchens nicht feil waren". (28) Zwei Angebote sollen jedoch nicht unerwähnt bleiben. Das eine ist ein Grundstück in der Marienstraße, auf dem 1928 das Finanzamt gebaut wird, das andere die Zehntscheuer gegenüber dem Rathaus. Von diesem Objekt läßt Herrmann sogar Umbaupläne anfertigen.

Doch geben merkwürdige Einwände und mangelndes Entgegenkommen gegenüber einem Zeitungsverlag mitten in der Stadt den Ausschlag, daß Herrmann schließlich von Alfons Kirschstein den Grund und Boden für seinen Neubau erwirbt.

Es handelt sich um ein Stück Land in der Mühlgasse, einen „Grabgarten von 730 qm Größe". Hier „befand sich im Mittelalter wohl eine Töpferei, die in Dieburg und Umgebung eine bedeutsame Erwerbsquelle der Bewohner war. Bei Ausschachtung der Keller wurden mehrere Brennöfen aufgedeckt" - so sagt die eingemauerte Urkunde, die auch das Personal des Betriebs von damals festhält. Außerdem gültiges Geld, eine Liste der 101 Telefonanschlüsse in Dieburg, einen Kirchenkalender und natürlich Tageszeitungen.(29)

In einem Artikel über die Bautätigkeit in Dieburg schreibt das Blatt: „Die neue gesteigerte Bautätigkeitsperiode wurde eingeleitet durch den Neubau des Geschäftshauses der Starkenburger Provinzial-Zeitung in der Mühlgasse und durch die Errichtung des neuen Finanzamtgebäudes in der Marienstraße.

**Die Zehntscheuer, damals von Besitzer Isidor Bacharach als Lagerhaus genutzt, wird 1925 Heinrich Herrmann zum Kauf angeboten. Mehrere Umbaupläne werden angefertigt, doch einen Zeitungsverlag will man mitten in der Stadt nicht haben.
Anfang der dreißiger Jahre kauft Adam Fäth das Gebäude.**

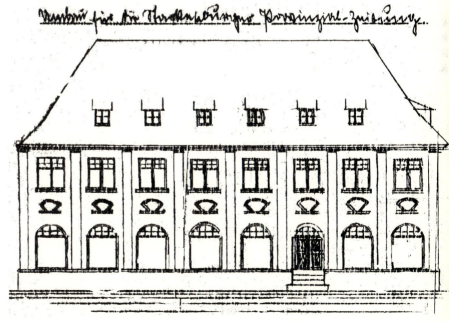

Neubau der Buchdruckerei H. Herrmann in Dieburg, Mühlgasse, bezogen am 1. September 1927
Verlagsgebäude der am 31. März 1941 im 93. Jahrgang eingegangenen „Starkenburger Provinzialzeitung".

1927 Beide Bauwerke, die in Kürze ihrer Bestimmung übergeben werden können, müssen zu den Sehenswürdigkeiten Dieburgs gezählt werden.".(5/27)
Im Juli 1927 äußert sich die Zeitung mit großem Lob zu dem Neubau des Architekten Jakob Herz und zur Lage in der Mühlgasse: „Die klassische Architektur, die der Bau zeigt und mit verhältnismäßig einfachen Mitteln erreicht wurde, spricht für den bauausführenden Herrn Herz ein glänzendes Zeugnis seines Könnens, nicht minder die Inneneinteilung der Räume, die der Bauleiter nach den Intentionen des Bauherrn in mustergültiger Weise löste..... Alle, die bis heute an dem Bau gearbeitet haben, bestätigen, daß der Bau eine schönere Lage nirgends in Dieburg hätte finden können, zumal dort die Möglichkeit des Verbauens ausgeschlossen ist, was selbst der Neid zugibt..."
Doch die Zeiten ändern sich! Bemühungen, bereits in den fünfziger Jahren ein Stück von dem angrenzenden städtischen Gelände zu erwerben, verlaufen negativ. In den 70er Jahren verkauft die Stadt das gesamte Gelände an den Landkreis, auf dem zu diesem Zeitpunkt noch die historische Erlesmühle steht. Neben

Auf einer Werbepostkarte zeigt sich das neue Verlagsgebäude in der Mühlgasse in gedecktem Rot. Doch mit Wehmut liest man 14 Jahre später den Zusatz: „Verlagsgebäude der am 31. März 1941 im 93. Jahrgang eingegangenen „Starkenburger Provinzial-Zeitung"

dem einst „unverbaubaren" Grundstück des Verlages steht seit 1978 das fünfstöckige neue Amtsgericht. Somit war dem Verlag endgültig die Möglichkeit einer Erweiterung genommen.

Endlich wieder Amtsblatt

Ein weiterer wesentlicher Schritt des neuen Verlegers besteht darin, daß die Zeitung endlich, nach 53 Jahren, wieder die amtlichen Bekanntmachungen herausgeben darf, nachdem frühere Versuche an „parteipolitischen Erwägungen" scheiterten. Nun führen, so steht in der SPZ aus der Feder von Heinrich Herrmann zu lesen, „langwierige Verhandlungen" dazu, daß für den Kreis Dieburg - wie schon in anderen hessischen Kreisen - ein eigenes Amtsverkündigungsblatt ediert wird, und zwar „im Verlage der Druckerei H. Herrmann".

Der Stoßseufzer des Verlegers am Ende des Artikels lautet: „Möge zwischen dem Kreisamt und dem Kreis-Ausschuß sowie dem nunmehrigen Verlage ein allzeit gutes Einvernehmen bis in die fernste Zukunft fortbestehen." (10/27)

Doch kaum ist die eine Hürde genommen, kommt auch schon die nächste. Der Überlebenskampf einer kleinen Zeitung zieht sich wie ein roter Faden durch die ganze Zeitungsgeschichte.

Aus Aschaffenburg gibt es im November 1927 Konkurrenz für die SPZ: Die „Hessische Abend-Zeitung", Generalanzeiger für die Kreise Dieburg, Erbach und Offenbach. Mit massiven Maßnahmen versucht der Verlag die Abonnenten abzuwerben. Doch schon nach sechs Monaten, Ende April 1928, stellt der Verlag das Erscheinen wieder ein. In der letzten Ausgabe schreibt die Redaktion dieses Blattes:
„Die 'Hessische Abend-Zeitung', die am 1. November vorigen Jahres auf Anregung aus Dieburg und auf Wunsch eines großen Teils der Bevölkerung im Kreis Starkenburg erschienen ist... Allerdings machte es schon damals Sorge, daß mit der steigenden Zahl der Leser nicht die Zahl der Anzeigenaufträge Schritt hielt....
Deshalb sehen wir uns gezwungen, die 'Hessische Abend-Zeitung' ab 1. Maii nicht mehr erscheinen zu lassen."

80 Jahre Heimatzeitung

Nach vielen verdienstvollen Schritten erfährt Heinrich Herrmann beim 80. Geburtstag des Blattes im Jahre 1928 viel Lob und Anerkennung „Ein großes Stück der sozialen Frage wäre gelöst", sagt der Setzer Christoph Susann, der Betriebsälteste, „wenn alle Arbeitgeber wären wie er." Dekan Ebersmann, früher als Vorsitzender des Aufsichtsrats der GmbH jahrelang an der Spitze der Zeitungsarbeit und froh darüber, diese Bürde nicht mehr tragen zu müssen, bezeichnet Herrmann als den geeigneten Mann, „das Geschäft in die Höhe zu bringen". Er habe erreicht, „daß unsere Zeitung heute respektgebietend dasteht, nicht bloß in Dieburg, sondern auch in der Umgebung". Ähnlich der Tenor bei allen Rednern und Gratulanten. (10/28)

Schlimm jedoch die Tatsache, daß dieses erfreuliche Jubiläumsjahr 1928 bereits das letzte ist, das Heinrich Herrmann erleichtert in die Zukunft blicken läßt. Denn schon ein Jahr später beginnt die Weltwirtschaftskrise mit der schrecklichen Arbeitslosigkeit in ihrem Gefolge und damit der Aufstieg eines gewissen Herrn Hitler..

Heinrich Herrmann an seinem Arbeitsplatz

Oben:
Eine großzügige Fensterfront schafft angenehme Arbeitsbedingungen in der Handsetzerei des neuen Verlagsgebäudes. Erst viele Jahre später erleichtert eine Blei-Setzmaschine die mühsame Arbeit, Buchstabe um Buchstabe von Hand zu "setzen".

Rechts:
Die Maschinenmeister Andreas Sattig und Willi Müller beim Zeitungsdruck.

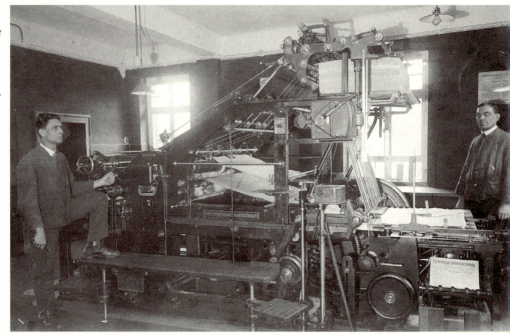

Das letzte „gute" Jahr

1928

„**Dieburg.** Unter dem Motto „Mer schmeiße die Kist" veranstaltet der Karnevalverein 1928 den ersten Fastnachtszug. Der erste Dieburger Prinz heißt Ernst Henkel."

„**Dieburg.** Die Gründung eines Verkehrs- und Verschönerungs-Vereins fand im Juli 1928 statt. Bei der Gründungsversammlung traten spontan 40 Herren als Mitglieder ein. Ein wichtiger Schritt ist nun für die Entwicklung unseres Städtchens getan. Möge er segensreich wirken, zur Freude und zum Wohle der gesamten Einwohnerschaft, möge es ihm auch nicht an opferwilligen, von Idealismus beseelten Mitgliedern, Freunden und Gönnern fehlen; er wachse, blühe und gedeihe! " (7/28)

„**Gasleitung für Dieburg.**
Nachdem die Stadt Dieburg die Gasversorgung beschlossen hat, sollen nun auch die Hausanschlüsse verlegt werden. Die Direktion der städtischen Betriebe Darmstadt bittet die Einwohnerschaft, ihre Wünsche für einen Anschluß auf einem Anmeldeformular zu äußern." .(9/28)

„**Glockenweihe**
Eine erstklassige photographische Aufnahme hat Herr Photograph Halleck in seinem Schaufenster ausgestellt, die als dauernde Erinnerung an den Tag der Glockenweihe am 16. September den Stifter der Glocken, Herrn Lorenz Doerr und Gemahlin, umgeben von hochw. Herrn Domdekan Prälat May, H.H. Dekan Ebersmann und Herrn Bürgermeister Wick darstellt. Lorenz Doerr ist bereits wieder nach Amerika abgereist und wird noch in dieser Woche in St. Louis - wo er eine hochmoderne Konditorei und ein prachtvolles Café besitzt - eintreffen." (9/28)

„**Das neue Postamt** in der Marienstraße ist soweit fertiggestellt, daß heute der Umzug stattfinden kann; daß das neue Amt zeitgemäß, nach den modernsten Grundsätzen angelegt und eingerichtet wurde, bedarf wohl keiner weiteren Erörterung. Die Marienstraße wird jetzt eine belebtere Straße werden, als sie seither war. Nun kann auch der Katholische Gesellenverein von seinem Haus, der alten Post in der Steinstraße, alsbald Besitz nehmen." (10/28)

„**Dieburg.** Eine Ferienreise nach Amsterdam werden in den nächsten Tagen neun unternehmungslustige Schüler des Gymnasiums antreten. Es sind dies die Brüder Heinrich und Josef Blank, Lothar und Hansjörg Hahl, Georg Pauly, Willy Melchior, Ludwig Steinmetz, Josef Sterkel und Hans Krausmann. Sie haben sich zu diesem Zweck ein großes Boot selbst verfertigt, das im Anwesen des Herrn Inspektors H. Steinmetz gebaut wurde. Das Boot ist 10 Meter lang, 2 Meter breit und 1 Meter hoch und mit 6 Rudern ausgestattet, ein Segel wird das Boot vervollständigen. Es ist erstaunlich, mit wieviel Geschick die Primaner das Fahrzeug „seetüchtig" zusammengezimmert haben. Die stabile Bauart läßt keinen Zweifel, daß das Boot seinen Zweck voll erfüllt. In den nächsten Tagen wird das Boot per Achse nach Seligenstadt gebracht, wo es zunächst probeweise von Stapel geht. Sobald die letzten Arbeiten getätigt sind, gehts mit Gottvertrauen dem Rhein zu. Möge den begeisterten Jungen ihr Vorhaben glücken, wozu ihnen schönes Wetter beschieden sei, eine wundervolle Landschaft wird sie lohnen und unvergessliche Eindrücke werden sich ihnen einprägen. Dem Mutigen gehört die Welt - also glückliche Fahrt." (7/28)

"**Dieburg**. Ein Weltreisender zu Fuß hat heute unsere Stadt passiert und unserer Redaktion einen Besuch abgestattet. Andreas Fibinger stammt aus Württemberg und hat 1909 in San-Franzisko mit einem Sportverein die Wette abgeschlossen, daß er innerhalb 20 Jahren die Welt zu Fuß durchreisen würde...
144 000 Kilometer hat er bis jetzt schon zurückgelegt. Durch verschiedene Unglücksfälle wurde ihm die Reise um 2 Jahre verlängert. So wurde er in Rußland von einem Wolf gebissen, in Österreich von einer Lawine verschüttet und in Frankreich von einem Auto überfahren, sodaß er die restlichen 11 000 Kilometer mit der Krücke zurücklegen muß. Seine Reise ist vorgeschrieben. Sie führt den Rhein entlang, durch Belgien und von dort mit dem Dampfer nach Amerika, wo er noch 6000 Kilometer zu Fuß zurückzulegen hat. Er spricht 12 Sprachen und ist 43 Jahre alt. Mit 25 Jahren ist er in San-Franzisko weggegangen und jetzt 18 Jahre unterwegs. Er lebt von Vorträgen und dem Verkauf von Reisekarten." (9/28) ∎

Schlag auf Schlag in die Diktatur

1933 Schon wenige Tage, nachdem Hitler 1933 zum Reichskanzler ernannt wird, beginnt die Einschränkung der Pressefreiheit. „Ein Verbot", so ist bei Frei/Schmitz zu lesen, „war schon wegen ‚unrichtiger Nachrichten' möglich - und was ‚unrichtig' war, bestimmte der nationalsozialistische Reichsinnenminister Frick." (30) Zunächst zerschlägt die NSDAP die linksgerichtete Presse. Doch das ist nur der Auftakt. „Binnen weniger Jahre krempelten die Nationalsozialisten die deutsche Zeitungslandschaft fast völlig um." Das Ziel: „Die Monopolisierung und totalitäre Beherrschung der öffentlichen Kommunikation". (31)

Wie nun überlebt die Dieburger Zeitung? Es kommen ihr immerhin einige Umstände zu Hilfe. Das Geschick des Chefs verhindert direkte Konfrontationen mit den Nationalsozialisten, etwa wegen irgendwelcher wirklich gefährlicher Formulierungen im Blatt. Sodann bietet die Heimatzeitung mit begrenztem Einzugsgebiet kein bedeutendes Angriffsziel.

Vor allem aber ist es für die katholische Bevölkerung beruhigend, daß die Zentrumspartei dem von Hitler geforderten Ermächtigungsgesetz zustimmt (auch wenn sich die Partei wenig später selbst auflöst) und daß der Vatikan als erste auswärtige Macht mit der Hitler-Regierung einen Vertrag, das Konkordat, abschließt. So kann sie das, was die Zeitung jetzt schreiben muß, im großen und ganzen zustimmend hinnehmen und bleibt als Leserschaft erhalten. Hinzu kommt, daß die nationale Trommel, die die Hitler-Partei schlägt, bei einer ziemlich großen Bevölkerungsmehrheit toleriert, ja begrüßt wird, auch in Dieburg. Das Zentrum hat ja noch im letzten Kriegsjahr energisch gegen Streikbewegungen Front gemacht und dann die Versailler Bedingungen verdammt - sich also durchaus auch „national" verhalten. Doch ist die kleine Zeitung in Dieburg trotzdem gefährdet, weil die immer weiter um sich greifende NS-Presse als übermächtige Konkurrenz und staatliches Machtmittel bedrohlich bleibt.

Ein wichtiger Zeitpunkt der endgültigen Umwandlung Deutschlands in eine praktisch schrankenlose Diktatur sind die Ereignisse des Sommers 1934. Ernst Röhm, der eigenwillige Stabschef der nationalsozialistischen SA, und zahlreiche Persönlichkeiten, die in irgendeiner Weise als „oppositionell" gelten oder tätig gewesen sein könnten, werden ohne Gerichtsverfahren erschossen. Hitler also, schreibt Golo Mann, „ließ morden". (32) Es ist das Geschehen „einer dreitägigen Mordaktion", so Pleticha. (33) Das Ausland spricht von der „Nacht der langen Messer".

Kein Blatt in Deutschland aber darf dieses Blutbad so benennen. Stattdessen hat „der Führer" einer „Verschwörer-Clique" gegenüber „kurzen Prozeß gemacht", „Sieben SA-Führer erschossen", „Begeisterte Kundgebung." So steht es selbstverständlich auch in der „Starkenburger Provinzial-Zeitung" - alles andere wäre das Ende dieses Blattes und lebensgefährlich für die Verantwortlichen der Redaktion.

Im Vordergrund der Berichterstattung steht der „blinde Gehorsam", den Hit-

> **Röhm amtsenthob**
> Der Stabschef aus Partei und SA ausge
> München, 30.
> Die Reichspressestelle der NSDAP teilt folgend
> fügung des Führers mit:
> Ich habe mit dem heutigen Tage den Sta
> Röhm seiner Stellung enthoben und aus
> und SA ausgestoßen.
> Ich ernenne zum Chef des Stabes Obe
> penführer Lutze.
> SA-Führer und SA-Männer, die seine
> fehlen nicht nachkommen oder zuwiderha
> werden aus SA und Partei entfernt bzw
> haftet und abgeurteilt.
> gez. Adolf Hitler,
> Oberster Partei- und SA-Fü

ler, nachdem die bisherige Führungsriege niedergemacht ist, von der SA verlangt: Zur Ernennung des Röhm-Nachfolgers heißt es weiter in einem Schreiben Hitlers an Lutze:

„....Wenn ich Sie mit dem heutigen Tage zum Chef des Stabes ernenne, so geschieht dies in der festen Ueberzeugung, daß es Ihrer treuen und gehorsamen Arbeit gelingen wird, aus meiner SA das Instrument zu schaffen, das die Nation braucht und ich mir vorstelle. Es ist mein Wunsch, daß die SA zu einem treuen und starken Gliede der nationalsozialistischen Bewegung ausgestaltet wird. Erfüllt von Gehorsam und blinder Disziplin, muß sie mithelfen, den neuen Menschen zu bilden und zu formen."
(7/34)

Auch der SA-Führer der Gruppe Hessen, Beckerle, stellt den Gesichtspunkt des unbedingten Gehorsams in den Mittelpunkt eines abgedruckten „Aufrufs": „...Meine Kameraden, es bedurfte keines Wortes von mir, um euch an eure einzige Pflicht zu erinnern, keines Wortes von euch, um mir euren blinden Gehorsam zum Führer zu versichern. Wir alle haben...bis zum letzten Blutstropfen nur einen Führer, den Führer unseres Volkes...Wir freuen uns und hoffen zuversichtlich, daß die strikte Befolgung seiner Gebote im Bereich der gesamten SA Deutschlands die letzten Unvollkommenheiten austilgt und uns alle zu einem immer besser werdenden Machtmittel in seiner Hand macht.

Der Leitgedanke der SA der Gruppe Hessen, den ich in drei Worten immer und immer wieder in eure Herzen eingegraben habe, bleibt auch weiterhin bestehen: Blinde Treue zum Führer, aufopfernde Kameradschaft, glühendes nationalsozialistisches Herz." (7/34)

Ein wesentliches Element der NS-Propaganda ist in jenen Jahren der aufgeblühte Rundfunk, namentlich wenn es gilt, eine Rede Hitlers zu verbreiten. Durch bezeichnende Anordnungen und perfekte Organisation wird dafür gesorgt, daß jeder „Volksgenosse" - so der damalige Titel für die deutsche Bevölkerung - „seinen Führer" vernehmen kann. So ist es auch in Dieburg, als es um die Rede vom 13. Juli 1934 geht (Hitler gibt in ihr als „oberster Gerichtsherr" die Begründung für die tödlichen Maßnahmen ohne juristisches Verfahren).

Reichspräsident Hindenburg ist tot

Wenige Wochen nach der Auslöschung unbequemer politischer Kräfte stirbt Hindenburg, der greise Reichspräsident. Hitler nutzt die Gunst der Stunde und besetzt dieses Amt nun selbst. Damit vollendet er seine unumschränkte Herrschaft. Die Dieburger Leser finden unter dem 2. August 1934 folgende Notiz in der Zeitung:

„Unser Hindenburg tot! Das Schicksal hat es gewollt, daß der unvergeßliche Generalfeldmarschall v. Hindenburg...in die Ewigkeit abberufen wurde. Die Fahnen wehen auf Halbmast, die Kirchenglocken läuten bis zum Tage der Beisetzung jeden Abend von 8-9 Uhr zum Zeichen der Trauer. Alle Beamten des Reichs, der Länder und Gemeinden haben 14 Tage einen Trauerflor am linken Unterarm zu tragen. Alle öffentlichen Lustbarkeiten und Veranstaltungen haben bis nach der Beisetzung zu unterbleiben. Der Reichsminister für Volksaufklärung und Propaganda, Dr. Goebbels, gab bereits heute früh 10 Uhr nach dem Ableben des Herrn Reichspräsidenten über alle deutschen Sender das vom Reichskabinett verabschiedete Gesetz bekannt, das wir im Wortlaut in unserer morgigen Ausgabe folgen lassen. Wir bringen von dem Gesetz zunächst den § 1 hier zur Veröffentlichung:

§ 1. Das Amt des Reichspräsidenten wird mit dem des Reichskanzlers vereinigt. Infolgedessen gehen die bisherigen Befugnisse des Reichspräsidenten auf den Reichskanzler Adolf Hitler über, er bestimmt seine Stellvertreter. Dieses Gesetz tritt sofort in Kraft." (8/34)

Sich kritisch über die Regierung zu äußern ist gefährlicher als jemals zuvor: „Reinhard Kröll aus Rainrod hatte sich wegen schwerer Beleidigung des nationalsozialistischen Staates und insbesondere der Polizei zu verantworten.

In der Verhandlung wurde der Angeklagte als typischer Querulant bezeichnet, der keinerlei Autorität anerkenne. Das Urteil lautet auf ein Jahr Zuchthaus." (2/35)

1935

Kreispropagandaleitung Dieburg der NSDAP.

Der Führer spricht heute Freitag Abend 8 Uhr in einer grundsätzlichen Rede an das deutsche Volk und die ganze Welt vom deutschen Reichstag aus. Jedem Volksgenossen muß die Möglichkeit gegeben werden, den Führer zu hören. Es wird erwartet, daß alle Rundfunkgeräte zur Verfügung gestellt werden. Alle Veranstaltungen, Konzerte, Versammlungen und Zusammenkünfte haben für die Zeit der Uebertragung ihr Programm zu unterbrechen, damit jeder Volksgenosse ungehindert seinen Führer hören kann.

Heil Hitler! Schenk, Kreispropagandaleiter.

Kreisleitung Dieburg, Abteilung Rundfunk.

Heute Freitag Abend 20 Uhr, übernehmen alle deutschen Sender die Uebertragung der Reichstagssitzung mit der Rede des Führers. Den Volksgenossen von Dieburg ist Gelegenheit geboten, die Rede am Bahnhof und bei der Firma Peter Lang Sohn anzuhören. Sämtliche noch störenden elektrischen Apparate müssen ab 19 Uhr ausgeschaltet werden. Die Besitzer dieser Apparate werden hiermit letztmalig aufgefordert, diese sofort entstören zu lassen.

Heil Hitler! Witt, Kreis-Funkwart.

Auch in Dieburg gibt es Beispiele von Verhaftungen und Einweisungen ins KZ. Wegen schwerer Beleidigung des Führers wurde der Angeklagte Philipp Schmidt aus Gießen zu 3 Monaten Gefängnis verurteilt." (4/35)

Alltag im „Dritten Reich"

"Aus Stadt und Land

Dieburg. Die Stadt Dieburg hat vor längerer Zeit unsern Führer zum Ehrenbürger ernannt und aus diesem Anlaß eine Urkunde in künstlerischer Ausführung in entsprechender Ledermappe an ihn abgesandt. Daraufhin ging nun folgendes, vom Führer eigenhändig unterschriebenes Schreiben beim Bürgermeister ein:

An den Stadtrat Dieburg (Hessen).
Die Verleihung des Ehrenbürgerrechtes von Dieburg erfüllt mich mit aufrichtiger Freude.
Ich nehme die Ehrenbürgerschaft an und bitte, dem Stadtrat meinen ergebensten Dank sowie meine besten Glückwünsche für das Blühen und Gedeihen von Dieburg aussprechen zu dürfen.
Berlin, 12. November 1934.
 Mit deutschem Gruß
(gez.) Adolf Hitler."

„Lokomotive entgleist und umgestürzt

Dieburg. Von dem gestern Nachmittag um 4 Uhr nach Ober-Roden abgehenden Zug der Nebenbahn Reinheim - Offenbach, der die hiesige Opel-Schicht nach Rüsselsheim beförderte, entgleiste kurz nach der Ausfahrt, zwischen dem Stellwerk und dem israelitischen Friedhof, die Maschine und legte sich seitwärts nach Norden, die Maschine befand sich mit dem Tender voraus am Zug. Die Entgleisung erzeugte einen kolossalen Schlag. Personen kamen nicht zu Schaden. Die Maschine rutschte ab und grub sich mit den Rädern tief in die Böschung des Bahnkörpers ein...." (9/34)

Alltag im „Dritten Reich" sind Anzeigen wie diese, die zu Spar-oder Sammelaktionen auffordern. Hier sind es die Eintopf-Sonntage.

„Lorenz Dörr in St. Louis gestorben

Aus Amerika kam die Trauernachricht, daß Lorenz Dörr in seiner zweiten Heimat St. Louis gestorben ist. Dörr, der im Mai 1857 in Dieburg geboren ist, lernte das Konditor- Handwerk und wanderte nach Amerika aus. Dort hat er es zu großem Wohlstand gebracht. Als die Beschaffung neuer Glocken für die Wallfahrtskapelle für die dem Krieg zum Opfer gefallenen alten Glocken in Frage stand, war es Lorenz Dörr, der seiner Vaterstadt in treuer Anhänglichkeit dem verstorbenen Dekan Ebersmann die Mittel hierfür zur Verfügung stellte. Auch für die Errichtung des Außenchors und später für die Erstellung der neuen Orgel, zeigte sich Dörr als bereitwilliger Spender. Er hat sich damit für alle Zeiten ein Denkmal in seiner Heimat gesetzt. Dekan Ebersmann widmete dem Wohltäter Dörr im Kirchenkalender 1929 einen Artikel mit dem Porträt des Stifters. In all den Jahren verfolgte er mit großem Interesse die Vorgänge in seiner Heimatstadt Dieburg, die ihn zum Ehrenbürger ernannt hatte, wozu ihm die Heimatzeitung die Brücke schlug." (7/34) ∎

Ein spektakulärer Prozeß

Auf großes Interesse stößt in Dieburg ein kriminelles Geschehen in bezug auf die Verwaltung der Freiherr von Fechenbach'schen Besitzungen. Im November 1934 wird der Vermögensverwalter verhaftet, und im September 1935 fällt die Große Strafkammer des Hessischen Landgerichts in Darmstadt das Urteil. Die Dieburger Zeitung berichtet darüber nicht selbst, sondern übernimmt Darstellungen in der Presse der damaligen Hauptstadt. Hier ein Originalabdruck:

Das „Darmstädter Tagblatt" bringt folgenden Bericht:

„Bis in den Abend verhandelt die Große Strafkammer am Freitag gegen den früheren Landwirtschaftsrat Dr. Karl Sch. aus Dieburg. Sch. hatte nach dem Tode seines Schwiegervaters, der wie sein Vater seit Jahrzehnten die Verwaltung der v. F.schen Güter inne hatte, diese Verwaltung im Jahre 1929 übernommen. Und zwar hatte er sich verpflichtet, diese Verwaltung vier Jahre lang umsonst zu übernehmen, da sein Schwager vor Jahren, als er ebenfalls die Verwaltung zeitweise inne hatte, Unterschlagungen gemacht hatte und so noch eine Forderung an die Familie der Frau des Angeklagten bestand. Die derzeitige Besitzerin der Güter war eine wirtschaftlich vollkommen unbewanderte über 60jährige Baronesse, deren Freundschaft für die Familie seiner Frau der Angeklagte in der schmählichsten Weise ausnützte. Die Rückbuchung des Darlehens stellte der Angeklagte Sch. unter Ausgaben statt unter Einnahmen, ebenso einen anderen Betrag, den er dem Vermögen der Baronesse entnommen hatte, so daß er diese gesamten Beträge nun doppelt erhielt. Der Angeklagte hat heute die Dreistigkeit, zu behaupten, er – als Landwirtschaftsrat – verstehe so wenig von Buchhaltung, daß er die Beträge eben aus Versehen auf die verkehrte Seite gebucht habe. Seine persönlichen Ausgaben, die recht beträchtlich waren, trug der Angeklagte ohne weiteres in die F.schen Bücher ein. So ließ er sich einen Wintergarten für über 2000 RM. anbauen und schenkte seiner Frau einen wertvollen Schmuck, und als er 1933 entlassen wurde, machte er sich keinerlei Skrupel daraus, die Raten für sein noch nicht fertigbezahltes Auto ebenfalls aus dem F.schen Vermögen zu begleichen. Dabei stand die Verwaltung außerordentlich schlecht. Das gesamte Barvermögen und Wertpapiere war so gut wie verloren durch die Inflation, so daß ständig Besitzungen verkauft werden mußten, um nur den Unterhalt der Baronesse bestreiten zu können. Als 1932 ein Verwandter der alten Dame Verdacht schöpfte und sich von ihr eine Einwilligung zur Kontrolle der Bücher holte, verstand es der Angeklagte mit seiner Familie, die Dame wieder derartig zu umgarnen, daß sie die Erlaubnis zur Kontrolle zurückzog und ihm sogar eine Urkunde unterschrieb, in der sie bestätigte, daß die gesamten Buchungen der letzten drei Jahre von ihr anerkannt und nicht mehr zu prüfen oder gar zu beanstanden seien. Als der Verwandte der Baronesse aber 1934 tatsächlich eine Revision durchsetzte, widersetzte sich der Angeklagte zunächst mit allen Mitteln. Er behauptete, es sei ein unglaubliches Mißtrauensvotum und mit seiner Ehre unverträglich, und er könne sich das nicht gefallen lassen. Als ihm aber schließlich das Wasser bis an den Hals stand, machte er die größte Dummheit: er vernichtete sämtliche Bücher und Belege der vergangenen fünf Jahre, so daß keinerlei Nachprüfungen mehr möglich waren. Dann stellte er vollkommen neue Bücher auf, die er dem Revisor vorlegte, und in denen die Falschbuchungen enthalten waren. Der Gesamtschaden beträgt mindestens 30–40 000 RM. nach den eigenen Angaben des Angeklagten. Das Gericht verurteilt nach eingehender Vernehmung des Angeklagten und der Zeugen Dr. Sch. wegen fortgesetzter Untreue und wegen Urkundenvernichtung zu einer Gefängnisstrafe von 2 Jahren und 9 Monaten, und zu einer Geldstrafe von 500 RM. Das Gericht erkennt dem Angeklagten gleichzeitig die bürgerlichen Ehrenrechte auf die Dauer von 3 Jahren ab. Der Angeklagte war seit November vorigen Jahres in Untersuchungshaft, die ihm aber erst vom Tag seines Geständnisses, im März dieses Jahres, ab angerechnet werden kann. Auch die Geldstrafe gilt durch die Untersuchungshaft als verbüßt."

1935

Die Kunst, zwischen den Zeilen zu lesen

1941 Wenn Meinungen von dem abweichen, was eine Regierung zu äußern erlaubt, dann müssen gewisse Dinge umschrieben, verhüllt oder durch Aussparungen „gesagt" werden. So auch bei der Zeitung, sofern sie nicht hundertprozentig „linientreu" ist. Im Fall des Dieburger Blattes ist festzuhalten, daß zwar selbstverständlich zum Beispiel die Rückkehr des Saargebietes zu Deutschland begrüßt wird oder der Abbau der Arbeitslosigkeit.

Die Heimatzeitung ein Kulturgut, das man erst schätzen würde, wenn sie zum Erliegen **muß erhalten bleiben** deshalb gebracht wäre unterstützt sie, indem ihr derselben die Treue haltet und ihr neue Abonnenten zuführt; keine Großstadtzeitung — heiße sie wie sie wolle — kann die Heimatzeitung ersetzen.

Andererseits ist aber die kirchenfeindliche Haltung der Nationalsozialisten eine Angelegenheit, die man von Anfang an in Dieburg mit Skepsis betrachtet. Sie führt in der katholisch geprägten Stadt und Teilen ihres Umlandes schließlich auch zu Konflikten. So werden etwa Prozessionen behindert, Patres verhaftet, Kirchgänge erschwert, und die Konfessionsschule wird aufgehoben.

Ein Beispiel dafür, wie man seine wahre Meinung auch äußern kann, bietet ein Artikel in der SPZ vom 7. Juli 1934. Er kündigt einen Besuch des Bischofs an - nichts Ungewöhnliches, so will es scheinen. Bezeichnend aber ist es, wie die Worte gewählt werden:

„...Der Tag, an dem durch des Bischofs Hand der Geist der Glaubensstärke und des Bekennermutes auf unsere Jugend herabgerufen wird, sei uns ein Tag des Bekenntnisses und des Gelöbnisses.

Ein Tag des Bekenntnisses! Wir sehen in unserem Bischof den gottgesetzten Oberhirten, dem wir in Treue und Hingabe uns verbunden wissen. Diese Hingabe wurzelt bei uns katholischen Menschen nicht in leicht verfliegenden Gefühlen, sondern in der gläubigen Auffassung des Bischofs- und Hirtenamtes. Unser Bekenntnis zum Bischof wächst so zu einem Bekenntnis zur katholischen Kirche und zum christlichen Gottesglauben...Darum gilt unserem Bischof bei seinem Verweilen unter den Katholiken der Stadt Dieburg unser ehrfurchtsvoller Willkommensgruß, der die Bande zwischen Hirt und Herde deutlich zum Ausdruck bringen soll..."

So wie mit den „leicht verfliegenden Gefühlen" die emotionalen Aufwallungen nationalsozialistischer Prägung umschrieben sind, so verhält es sich mit dem Begriff der „Heimatzeitung". Auch hier ist neben dem begreiflichen Unterschied zwischen Heimatzeitung und Großstadtzeitung auf einer nicht direkt ausgesprochenen Ebene die glaubensmäßige Zusammengehörigkeit gemeint, mit der man in einem Gegensatz zur NS-"Weltanschauung" steht.

Heinrich Herrmann macht seine Zeitung auf diese Weise „auch zu einem Kampforgan, als ein unseliger Ungeist aufkam" und mußte selbstverständlich „in diesem Kampf den Kürzeren ziehen". (34) Zunächst wird die Zeitung „gleichgeschaltet" (35), dann gerät Herrmann „zunehmend unter den Druck des Regimes". (36) Was 1941 geschieht, hat Robert Thomas in seinem Gedicht „130 Jahre Dieburger Anzeiger" in einer Strophe zusammengefaßt:

„Dann kam herauf der schwarze Tag -
verschwunden war's mit einem Schlag
weil es zu „schwarz" war ausstaffiert
hat es das Dritte Reich kassiert." (37)

Mit anderen Worten:

Die Zeitung erscheint letztmalig am Samstag, dem 29. März 1941, - aus „kriegsbedingten Gründen". (38)

Diese letzte Ausgabe ist ebenfalls von der Fähigkeit getragen, zwischen den Zeilen mehr zu sagen, als offiziell möglich ist. Eigentlich hätte man schreiben mögen: „Es ist eine Schande, daß ein so alteingesessenes und für die Stadt und ihr Umland so wesentliches Blatt zum Aufgeben gezwungen wird. Schuld am Exitus ist die NSDAP, die unter dem Vorwand einer 'Kräftezusammenfassung im deutschen Pressewesen' andere Stimmen mit Gewalt mundtot macht."

„Abschied"

Obwohl dies so nicht gedruckt werden kann, enthält aber doch der große Artikel mit der Überschrift „Wir nehmen Abschied" Formulierungen, bei denen viel mitschwingt. Und es ist eine mutige journalistische Leistung, auf der ganzen Zeitungsseite die Worte Adolf Hitler und NSDAP nicht ein einziges Mal vorkommen zu lassen. Auch das will viel heißen!

„Mit der heutigen Nummer nimmt die ‚Starkenburger Provinzial-Zeitung', die in über 93jähriger Tätigkeit Freud' und Leid mit ihrem Leserkreis verband, Abschied.

Der Abschied fällt uns schwer...Es liegt uns fern, die zermarterten Sinne irgendwie hier festzuhalten. Der gute Geist der Kameradschaft, das Wissen um die Gemeinschaft der Arbeitsziele, der gute und beste Wille, mitzuarbeiten und mit dabei sein zu dürfen, war höchstes Ziel! Es ist ganz anders gekommen.

Wenn ein Mensch 93 Jahre alt geworden ist und dann die Augen für immer schließt, wird der Schmerz seiner Angehörigen gemildert durch das Bewußtsein, daß der Verblichene seine Zeit mehr als erfüllt hat. Bei einer Zeitung braucht das nicht so zu sein. Eine Zeitung könnte an sich an ihrem 93. Geburtstag noch genau so jung sein wie am Morgen ihres ersten Erscheinens. Deshalb ist es für diejenigen, die eine solche Zeitung gestaltet haben - ganz gleich ob technisches oder sonstiges Personal - und ihr Bestes an sie setzten, nicht so leicht, Abschied zu nehmen und dazu einen Nekrolog zu schreiben...

Aber eines wissen wir auch, daß von jeher unsere Arbeit und Lebensaufgabe Deutschland hieß. Das lassen wir uns von keiner Stelle und von keinem Menschen abstreiten. Wir haben die felsenfeste Ueberzeugung, daß wir in jeder Beziehung unsere Pflicht und Schuldigkeit bis zum letzten Tage restlos taten und damit unsere Arbeit und Aufgabe erfüllten...

Die Verpflichtung zum Dienst an der Heimat geht aus den vielen Beiträgen der Jahre hervor. Dienst an der Heimat war eigentlich das ganze Lebenswerk der SPZ bis zur letzten Notiz. Dienst am Volke, das war die weitere Triebkraft unserer Arbeit. Mit diesen beiden Energien wurde der Motor des täglichen Schaffens gespeist. Vorbei!..." (3/41)

Die Gutenberg-Buchhandlung wird gegründet

Das Ende der Zeitung bringt auch die Familie um ihre Existenz. Heinrich Plappert, der Schwiegersohn Herr-

manns, der seit seiner Heirat als Schriftleiter im Verlag tätig ist, gründet jetzt mit seiner Frau Maria eine Buch-und Schreibwarenhandlung. Der kleine, leerstehende Laden in der Steinstraße 28 (Foto), in dem Max Hain bis zu seiner Auswanderung 1937 einen Handel mit Manufakurwaren betrieben hat, bietet sich dafür an. Am 1. September 1941 eröffnet hier die „Gutenberg-Buchhandlung Heinrich Plappert".

Es ist schwer, Ware herbeizuschaffen. Alles ist rationiert. Feldpost-Briefe und Päckchen sind das Hauptgeschäft. Heinrich Plappert wird an die Ostfront eingezogen. Frau und Kinder stehen jetzt im eiskalten Laden, denn auch Kohlen gibt es nur auf Bezugsschein, und das ist in den kalten Kriegswintern nicht genug. Die Erinnerung an Kälte, Hunger, Fliegeralarm, Existenzkampf und die Angst um den Mann und Vater an der Front prägen diese Zeit. ∎

„Vertraulich"

1941

Jean Kern, gebürtiger Dieburger, beruflich als Baumeister in Essen tätig, bleibt durch die Veröffentlichung von zahlreichen Gedichten und Geschichten in der Dieburger Zeitung, als treuer Leser, freier Mitarbeiter und Briefschreiber jahrzehntelang mit Heinrich Herrmann in Verbindung.

In einem Brief vom 22. März 1941 drückt er seinen Schmerz darüber aus, daß das Dieburger Heimatblatt nun nicht mehr erscheint. Er fragt nach den Gründen: „Lieber Herr Herrmann! Schreiben Sie uns doch bitte einmal, wie das alles so schnell gekommen ist? War denn gar nichts mehr dagegen zu tun?"

Herrmann antwortet am 10. April 41 unter dem Zusatz „Vertraulich!":
„Die Sache kam nicht überraschend für uns, schon seit August 1940 wurde vom Reichsverband der deutschen Zeitungsverleger - Landesverband Rhein-Main in Frankfurt - durch Betreiben der Reichspressekammer die Abschlachtung der Dieburger Zeitung eingeleitet. Da wir uns aber nicht so ohne weiteres abschlachten lassen wollten, so gab es allerhand Verhandlungen mit den maßgebenden Herren. Einer der mit an der Spitze dieser Herren stehende ist der Direktor des Frankfurter Volksblattes der NSPresse, Herr Konrad Goebbels, der Bruder von Josef Goebbels! Es wurde uns eine Abfindung für das Verlagsrecht in Aussicht gestellt, trotzdem konnten wir uns nicht entschließen, die SPZ zum Erliegen zu bringen...

Die letzten Verhandlungen mit den Herren von Frankfurt brachten zum Ausdruck, wenigstens sagte dies Herr Goebbels, „Herr Herrmann, Sie müssen den Verlag nicht abgeben - aber ehe das Jahr 1941 zu Ende geht, wird der Verlag geschlossen, bekommen tun Sie dann natürlich nichts!!!..".
damit war das Schicksal der SPZ besiegelt, mit dem schwachen Trost, daß schon eine ganz beträchtliche Zahl von Zeitungen im Reich haben sich dem nächsten Gauverlag anschließen müssen und wir nicht die letzten sein werden... Nun soll die Hessische Landeszeitung - die zunächst gelegene N.-S.-Presse - die bisherigen Leser der SPZ beliefern, die Leute sind aber so erbost, daß sie ihr altes und beliebtes Blättchen einbüßen mußten, daß man wohl zunächst nicht 50% der ehemaligen Leser gewinnen wird, trotzdem die Werber schon seit Wochen von Haus zu Haus laufen...
Ein Hauptgrund, daß man die Dieburger Zeitung weghaben wollte, dürfte mit der sein, daß das ehemalige Zentrumsblatt eben immer noch existiert, obwohl es doch ganz im nationalsozial. Fahrwasser segelte. Der alte Herrmann war eben immer noch der Beherrscher des Verlags, der katholische Mann, nach der dortigen Weltanschauung - eben ein reaktionärer - der konnte und durfte auf die Dauer einem Zeitungsverlag nicht vorstehen...
Mir persönlich wäre es lieber, ich hätte das alles nicht erlebt. Nach 54 Berufsjahren hätte ich mir den Abgang vom Beruf doch etwas anders geünscht als auf diese Weise."

Jean Kern tröstet Herrmann in seinem Antwortbrief vom 20.April 41 und spricht mit Hochachtung von Herrmanns Abschiedsartikel in der Zeitung:
„Seien Sie überzeugt, daß die Gedanken Ihrer Freunde in dieser schweren Zeit bei Ihnen und mit Ihnen sind. Sie haben Ihre Pflicht getan, getan bis zum Letzten, das darf und wird Ihnen jenes beruhigende Gefühl geben, das zum weiteren Schaffen den Mut und die Kraft gibt...
Und nun ein Wort zu Ihrem Abschied. Ich bewunderte Ihre Ruhe, Ihre Sachlichkeit und den vornehmen Schwung, die in Ihrem Schwanengesang zum Ausdruck kamen. Bezwungen, aber nicht geschlagen, klang es aus jeder Zeile. Wir werden dieses Dokument gut in Verwahr halten."

In der Erwiderung (Juni 42) spricht Herrmann bitter über seine nun kümmerliche berufliche Tätigkeit: „So treibe ich meine unrentable Druckerei mit 2 Arbeitskräften weiter, weil ich ohne Arbeit, ohne Betriebsamkeit nicht existieren kann, ich muß werkeln, damit ich alles übrige dabei vergesse. Nun wird die Papierkalamität immer größer und

schon ist uns der Druck von Privataufträgen fast unterbunden, vieles schon verboten - nur die Wehrmacht, Rüstungsindustrie und Behörden sind zu beliefern - nur das Steuerzahlen wurde noch nicht verboten!"
Im gleichen Schreiben widmet er sich mit höchstem Lob einem Buch von Dr. Karl Diel mit dem Titel „Ein Parkvorbild der Goethezeit". Herrmann spricht von einer „ausgezeichneten Arbeit eines Studienrates in Dieburg, der aber erst einige Jahre hier wohnt... Nur einen Fehler hat die Sache, das Buch ist vergriffen...Ich gebe es Ihnen also zu treuen Händen, hoffend, daß keine Bombe nach dem Buch Sehnsucht hat??"
Kern teilt dieses Urteil, nennt das Buch ein Prachtwerk, mit Sorgfalt und Liebe zusammengetragen, und beschreibt, wie ihm als altem, eingefleischtem Dieburger das Herz beim Lesen höher schlug.
Schließlich taucht in dieser Korrespondenz wiederholt ein Manuskript für ein „Dieburger Buch" von Jean Kern auf, das Herrmann in seinem Safe verwahrt. Er nennt es ein „unersetzliches Werk" und bedauert, daß es wegen der Papiernot nichtgedruckt werden kann. Aus Angst es könne durch die Kriegswirren verloren gehen, ermächtigt ihn Kern, wie aus dem Originalbrief zu entnehmen ist, es ans Dieburger Heimatmuseum, zu Händen von Archivar Karst, zu geben. Es ist jedoch trotz der Sorgfalt, die Herrmann dem Buch angedeihen läßt, heute nicht aufzufinden.

Heinrich Herrmann beginnt ein zweites Mal

Die Jahre der erzwungenen Zeitungspause in der Mühlgasse sind, wie sich zeigt, die schwersten. Die Zwangsverpachtung seiner Druckrei an einen Darmstädter Betrieb muß Heinrich Herrmann nun auch noch über sich ergehen lassen, obwohl er selbst noch mit zwei alten Angestellten Druckaufträge herstellt. Die Bombardierungen führen im ganzen Land zu katastrophalen Verhältnissen. Zwar geht es militärisch rückwärts, doch Hitler erklärt auch noch den USA den Krieg. Bald gehört der Himmel über Deutschland den Alliierten. Wenn die Stadt Dieburg auch keinen großen, vernichtenden Fliegerangriff erleidet, so gibt es aber wohl die Abwürfe durch Jagdbomber und die Zerstörungen beim Einmarsch der Amerikaner. (39)

Waren aus dem Krieg von 1870/71 fünf Dieburger Soldaten nicht zurückgekehrt, so sind es im Ersten Weltkrieg schon über 200. Hitlers Krieg beschert der Stadt ungefähr eine Verdoppelung in der Zahl dieser Opfer. (40)

Harte Zeiten aber auch nach dem Ende der Kampfhandlungen durch Flüchtlingsströme, Wohnungs- und Hungersnot. Das Druckereigebäude ist längere Zeit durch US-Truppen besetzt. Herrmann „haust" mit seiner Frau in der Druckerei, schläft im Papierlager. Der Mangel an Nahrungsmitteln ist unerträglich, amerikanisches Trockengemüse wird zu einem Greuel. Eine sehr teuere Lösung ist der „Schwarzmarkt", wo es für horrende Summen Kaffee, Butter, Schokolade, aber auch Zigaretten gibt und Dinge, die man nur noch dem Namen nach kennt.

Die Wende bringt 1948 die Währungsreform, die eine allmähliche Normalisierung des Wirtschaftslebens nach sich zieht. Ersparnisse sind von heute auf morgen nichts mehr wert, jeder deutsche Bürger fängt mit 40 Mark ganz neu an - die DM ist geboren!

Wiederbeginn mit neuem Titel

Im Jahr darauf stellt die amerikanische Militärregierung die Pressefreiheit wieder her (41), nachdem es seit Kriegsende nur die „Lizenzpresse" gegeben hat. Und sogleich beginnt Heinrich Herrmann, obwohl er schon in der Mitte der Siebziger Jahre steht, mit der Herausgabe eines wöchentlich erscheinenden Presseorgans. Noch immer besteht Papiermangel, und manches - auch Papier - ist nur als Gegengeschäft zu bekommen. So scheut Herrmann auch nicht davor zurück, sein prächtig geschnitztes Eßzimmer gegen Papier für die ersten Zeitungsnummern einzutauschen!

Im Mai 1949 wird dann die Nr. 1 unter dem neuen Titel „Dieburger Anzeiger" produziert. Allerdings ist es, wie man den Worten des Verlegers entnehmen kann, zunächst noch ein ganz bescheidener Anfang:

„Liebe Dieburger Familien, liebe Alt- und Neubürger, werte Vereins-Vorstände, verehrte Freunde und Gönner!
Trotz aller Erschwernisse und Hemmungen - trotz meines fortgeschrittenen Alters - habe ich mich nun entschlossen -

um einem dringenden Bedürfnis abzuhelfen und einen unhaltbaren Zustand zu beseitigen - vorerst die Herausgabe eines Anzeige-Blattes für Dieburg und Umgebung zu unternehmen. Da das Pressegesetz nunmehr verabschiedet ist, hoffen wir wieder wie früher die unvergessene 'Dieburger Zeitung' herausgeben zu können.... Der Dieburger Anzeiger ist zunächst ja nur als Übergang zu bewerten. Ich bin der festen Überzeugung, daß die Herausgabe dieses Anzeigers, so unvollkommen er auch noch erscheint, doch allgemein begrüßt wird..." (42)

In der Tat ist das Echo überaus positiv: „Das Erscheinen des 'Dieburger Anzeigers' am letzten Freitag mit der Nummer 1 hat in unserem Städtchen allgemein überrascht, und so war es auch vom Herausgeber geplant - die Freude der ganzen Bevölkerung war groß und von allen Seiten wurde dem Herausgeber Anerkennung zum Ausdruck gebracht. Der 'Dieburger Anzeiger' hat bis auf weiteres ein ganz beschränktes Aufgabengebiet - an ein Wiederauferstehen wie es die ehemalige 'Starkenburger Provinzialzeitung' (Dieburger Zeitung) einst war - ist voraussichtlich auf lange Zeit nicht zu denken. Ein Zeitungsunternehmen kann nur florieren, wenn ein ergiebiger Inseratenteil die Einnahmen bringt, um Investitionen, Herstellungs- und Lohnkosten decken zu können; dazu ist in Dieburg zunächst bei der heutigen angespannten Wirtschaftslage mit ihren unvorstellbaren Steuerlasten keine Möglichkeit. Der Herausgeber bittet also alle Kreise der Bevölkerung um weitgehendstes Verständnis für die bestehenden Schwierigkeiten..." (5/49)

Das Geschick der Zeitung wiederholt sich: Sie erscheint, genau wie hundert Jahre zuvor, zunächst in unscheinbarer Form einmal pro Woche. Und es wiederholt sich auch der Vorgang mit der Zulassung von Pressefreiheit. Ablesen

Beim Neubeginn 1949 wird die Zeitung teilweise noch mit der Hand gesetzt. Das Foto zeigt Jakob Dörr und Adi Simon beim Zeitungsumbruch

läßt sich daran ebenfalls, wie tief der Einschnitt ist, der durch die Nationalsozialisten in ein Tal der absoluten Bevormundung geführt hat.

■

Dreiecksrennen und andere Ereignisse

So schüchtern auch die Anfänge des „Wiederbeginns" mit der Dieburger Zeitung sind: Sie wird nicht nur dankbar angenommen, sondern entwickelt sich auch. Das Format vergrößert sich, die Seitenzahl steigt an, und von 1952 an sind es wöchentlich wieder zwei Ausgaben. Daß es einmal weitere vierzig Jahre sein würden mit dem Zeitungsdruck in Dieburg, hat wohl so mancher nur mehr vage gehofft als wirklich geglaubt...

Es sind die frühen Jahre der Bundesrepublik, in denen der „Dieburger Anzeiger" startet. So liest man von der „Zonengrenze", von Bundestagswahlen und den Eheproblemen der Heimkehrer, von einem Erdgasbrand und dem Ruf nach Wiedereinführung der Todesstrafe, aber auch von Heimatgeschichtlichem und Vergnüglichem. Einige Artikel aus diesen Jahren sollen etwas von der damaligen Atmosphäre vermitteln und namentlich von Ereignissen in Dieburg selbst.

"Die Gründung des Heimat-und Verkehrsvereins...

wurde am 17. Juni zur Tatsache, trotzdem der Besuch im Café 'Weißes Roß' sehr zu wünschen übrig ließ. Bürgermeister Steinmetz sprach über die Gründe, einen derartigen Verein für unsere Stadt wieder ins Leben zu rufen, da der 1928 gegründete 'Verkehrs- und Verschönerungsverein' leider - wie so vieles - zum Erliegen kam. Es muß etwas geschehen, um unsere Stadt aus dem Dornrös'chenschlaf zu einer Bedeutung zu bringen, wie es für eine Kreisstadt unumgänglich notwendig ist. Die Hinweise was geschehen müßte waren so einleuchtend und überzeugend, daß man sagen kann, daß für einen Heimatverein eine dankenswerte Aufgabe erstehtaber er muß die Unterstützung aller Kreise finden....

...Einstimmig wurde Lehrer Valentin Karst zum ersten Vorsitzenden des Vereins gewählt. Außerdem wurden J. Staudt, A. Frensch, Dr. Pullmann, Dr. Diel, E. Mattern, J. Müller und Hch. Herrmann gewählt...

...Man sollte annehmen, daß alle Berufsstände, Handels- und Gewerbetreibende an einem blühenden Heimat- und Verkehrsverein besonders interessiert sein müßten... " (6/49)

Weihnachtsmarkt

„Der Dieburger Weihnachtsmarkt in den drei Stockwerken und der Ausstellungshalle (Feuerwehrhaus)des Fechenbach'schen Schlosses hat Dieburg aus seinem Dornrös'chenschlaf erweckt .Schon seit 600 Jahren kamen Kauflustige und Handelsleute von weither, um die Marktrechte zu nutzen, die unsere Heimatstadt als einzige weit und breit damals schon hatte. Der Heimat- und Verkehrsverein hat nun den alten Brauch wieder aufgenommen und die einheimische Geschäftswelt hat ihn verwirklicht..." (12/49)

Schwimmbad-Bau

„Bis sich im neuen Dieburger Schwimmbad die ersten Wellen kräuseln, werden die Wogen des Für und Wider noch mehr als einmal hoch schla-

---

Aufruf

Liebe Dieburger!

Zum zweiten Male findet in unseren Mauern das Dreiecksrennen statt, ein motorsportliches Ereignis 1. Ranges. Fast alle Fahrer von Rang und Namen in Deutschland werden daran teilnehmen.

Das 2. Dieburger Dreiecksrennen wird die Entscheidung darüber bringen, ob das Rennen eine alljährlich stattfindende Veranstaltung wird oder nicht.

Unterstützt deshalb die Stadtverwaltung in ihrem Bemühen! Helft mit zum Gelingen des Rennens. Reinigt Straßen und Gassen mit besonderer Sorgfalt! ☞ Flaggt Eure Häuser! ☜

Das Stadtbild ist unsere Visitenkarte! Jeder Besucher muß den besten Eindruck mit nach Hause nehmen. Werbt durch freundliches und nettes Benehmen den Gästen und Fahrern gegenüber für unsere Stadt! Der Name Dieburg soll Klang und Geltung bekommen. Zuschauer und Anlieger der Rennstrecke folgt an den Trainingstagen (Freitag und Samstag) und am Tage des Rennens den Anweisungen der Polizei und Rennleitung.

Haltet im eigenen Interesse Disziplin!   Seid vorsichtig!
Es darf kein Unfall geschehen!

Bürger, helft mit, daß das Rennen am Sonntag ein Erfolg für den Motorsport und die Stadt und damit zu einer alljährlichen Veranstaltung wird.

Dieburg, den 13. Juli 1949.

Der Bürgermeister: gez. Steinmetz

gen. Nicht zum ersten und auch nicht zum letzten Mal stand dieses Projekt auf der Tagesordnung der Gemeinderatssitzung. Die KPD-Fraktion hatte den formellen Antrag eingebracht, im Schloßgarten ein Schwimmbad zu errichten. In der Begründung waren sechs Punkte angeführt, wie die Finazierung durchgeführt werden könnte. Bei allem guten Willen aller Beteiligten und Interessenten hindert Geldmangel zur Zeit die Verwirklichung des Gedankens. Nachdem alle Parteien nochmals ihre grundsätzliche Bereitschaft zum Bau des Bades erklärt hatten, soll bei der Aufstellung des neuen Gemeindehaushaltes ein Grundfond in Höhe von 10.000 DM nach Möglichkeit vorgesehen werden und die Einwohnerschaft durch kulturelle und sportliche Veranstaltungen, Lotterie und Bausteinausgabe weitere Mittel aufbringen." (2/50)

„Donna Diana" vorm Schloß

Als erstes Gastspiel brachte am Sonntagabend das Stadttheater Worms das Lustspiel 'Donna Diana' des Spaniers Agustin Moreto y Cabanna zur Aufführung. Die Zuschauer, die in einigermaßen erfreulicher Anzahl erschienen waren, erlebten auf der Schloßterrasse ein Meisterstück spanischer Komödie, das mit ihr ebenbürtiger Vollkommenheit dargestellt wurde. Trotz der infolge später Abendstunde wenig an spanisches Klima erinnernden Temperatur vergaßen die Zuschauer bald ihre kälter werdenden Füße und wärmten sich an dem spritzigen Dialog, den geistvollen Redewendungen und an dem köstlich-komischen Spiel der Darsteller..." (9/50)

„250 Teilnehmer beim Radrennen

Am Sonntag wird der 'Große Straßenpreis von Dieburg' ausgetragen. Die er-

freulich große Zahl von Nennungen, in den fünf an den Start gehenden Klassen beweist die Rührigkeit der Leitung des 'Radfahrervereins 1899', dem die Durchführung dieses Wettbewerbs übertragen ist. Die einzelnen Läufe sind zeitlich so gelegt, daß den Besuchern mehr als drei Stunden lang interessanter Radsport geboten wird. So starten die Junioren um 14 Uhr mit 140 Teilnehmern am Dreiecks-Starthaus im Forst zu ihrem 100-km-Rennen. Sie absolvieren zunächst zehn Runden auf dem alten Dreieckskurs und müssen dann die strecke Dieburg - Gundernhausen - Roßdorf - Einsiedel - Dieburg noch zweimal durchfahren. Während des letzten Teils ihrer Konkurrenz gehen um 15 Uhr 80 Jugend-A-Fahrer in sechsmaliger Rundfahrt über 20 km auf das Dreieck." (5/52)

„Gabriele von Fechenbach tot

Knapp 4 Wochen nach der Vollendung ihres 84. Lebensjahrs starb im Alters-

Ein überragendes sportliches Ereignis ist das Dieburger Dreiecksrennen in den Jahren 1948 bis 1955

heim der Barmherzigen Schwestern in Darmstadt die Baronesse Gabriele von Fechenbach, die letzte von all den Zweigen ihres einst so weit verbreiteten freiherrlichen Geschlechts. Damit ist auch dieses Dieburger Adelsgeschlecht ausgestorben, das seit 1214 urkundlich bekannt, seit 1724 in Dieburg begütert und seit 1860 hier wohnhaft gewesen ist... Heute, Freitag, den 19. Januar, um 14 Uhr wird unsere Landsmännin zu ihrer Heimaterde zurückkehren... Alter Sitte entsprechend wird das Familienwappen an ihrem Grabe zerbrochen und versenkt. Möge sie zusammen mit der großen Schar ihrer Vorfahren und Namensverwandten ruhen in Gottes heiligem Frieden. R.I.P." (1/51) ■

Abschied von Heinrich Herrmann

Hunderte von Menschen begleiten Heinrich Herrmann auf seinem letzten Weg durch Dieburg. Der Trauerzug mit Pfarrer Georg vor dem Haus Reh.

1952 Und dann ist das Jahr 1952 der Zeitpunkt, wo Heinrich Herrmann die Augen schließt. Ein großer Gedenkartikel würdigt seine Verdienste um das Dieburger Zeitungswesen, schildert seinen Werdegang als Drucker und Verleger, seine Freude an der Heimat und am Wandern, seine Geselligkeit und Glaubenstreue. Besonders bezeichnend ist vielleicht gleich der erste Abschnitt dieser Würdigung:

„'Und wenn es köstlich gewesen, ist es Mühe und Arbeit gewesen'.

In Mühe und Arbeit stand er bis in die letzten Tage hinein. In einem Alter, in dem sich jeder andere längst zur Ruhe gesetzt hätte, hielt ihn ein fanatischer Wille zum Werken und Wirken hoch. Es war für ihn eine Selbstverständlichkeit, solange ihm Gott die Kraft dazu gab. Um auch im hohen Alter noch schaffen zu können, nahm er manches Opfer auf sich. Als ihn das schwindende Augenlicht hindern wollte, scheute er vor keinem Eingriff zurück, um wieder seine Sehkraft zu erlangen und zu verbessern. Selbst wenn ihm die Lupe beim Lesen ein Notbehelf war, mit ihrer Hilfe aber suchte er getreulich und gewissenhaft den Lesestoff zusammen, den er seinen Zeitungslesern bot. Dazu arbeitete er weitgehend selbständig. Zwar stand er nicht mehr selbst am Setzkasten und bediente nicht mehr selbst die Maschinen (obwohl er von der Pike auf im Buchdruckgewerbe tätig war), aber was er in der Leitung seines Betriebes selbst tun konnte, tat er auch. Er setzte sich an die Schreibmaschine und vor das Geschäftsbuch und machte seine Aufsätze und Eintragungen eigenhändig."
(2/52)

Mit seinem Wirken von 1922 bis 1952 ist Heinrich Herrmann für die Dieburger Zeitungsgeschichte nicht nur eine Hauptperson, sondern hat sicher auch die schwersten Jahre des Betriebes durchlitten und überstanden. ∎

Die Nachfolge

Als Heinrich Herrmann 1952 stirbt, stehen mit seiner Tochter Maria Plappert und ihrem Ehemann zwei Vertreter der nächsten Generation bereit, den Familienbetrieb weiterzuführen. Beide haben umfangreiche Kenntnisse und Erfahrungen im Zeitungsbetrieb. Die Tochter, die ihrem Vater immer eine „rechte Hand" war, und der Schwiegersohn, der vor dem Krieg im Betrieb viele Jahre lang als Schriftleiter tätig war.

Nun, da sie das Ruder übernehmen, sind Nöte wie Papierknappheit und Unterdrückung durch eine allmächtige Diktatur zwar überwunden. Doch bleibt der kleinen Zeitung der Umstand treu, daß sie um ihre Existenz hart kämpfen muß. Denn es gibt drei „Großstadtblätter" im Ort, die Konkurrenz ist also groß. Zum Glück kann das „Blättchen" auf die Tradition bauen.

Klaus Wagner, der Geschäftsführer deutscher Heimatzeitungen in Frankfurt, formuliert laut „Darmstädter Tagblatt" bei der Feier zum 130jährigen Bestehen des Dieburger Blattes:

„Als die Heimatzeitungen 1949 nach der kriegsbedingten Druckpause wieder erscheinen durften, hätten sie sich schnell ihren Leserstamm zurückerobert und zum Teil sogar erweitert. Aus der Treue der Leserschaft, zu ihrer Heimatzeitung in guten und schlechten Zeiten zu stehen, sei die Verpflichtung der alten Verlegerfamilie erwachsen, Chronist und Vermittler der die Leser betreffenden wichtigen Vorgänge zu sein."

(11/78)

Die Zeitung in neuem „Outfit"

Mit dem Jahr 1952 hält eine gravierende Neuerung Einzug in den Verlag. Die bisher verwendete alte „Fraktur-Schrift" hat endgültig ausgedient. Jetzt erscheint die Zeitung in einer modernen glatten Schrift, einer „Antiqua", die vor allem bei den jüngeren Leser besser ankommt. Passend dazu wird auch der Kopf des Blattes optisch angepaßt.

Nicht nur das Erscheinungsbild der Zeitung ändert sich, auch die Drucktechnik muß dringend erneuert werden. Es werden Umbauten im Druckhaus in der Mühlgasse notwendig. Nebengebäude werden abgerissen und der Hof wird überbaut. Gleichzeitig steht die Renovierung des gesamten Verlagshauses an, das sich nach Abschluß der Arbeiten Mitte der 50er Jahre ganz im Stil der damaligen Zeit zeigt.

Ein weiterer Schritt bei der Entwicklung der Zeitung gelingt mit der Mitgliedschaft in der "Redaktionsgemeinschaft deutscher Heimatzeitungen", die den Verlag mit dem aktuellen, überregionalen Teil des Blattes beliefert. Das Bleizeitalter ist zu diesem Zeitpunkt noch nicht zuende, denn die Texte werden als "Matern" geliefert, müssen also erst in der Stereotypie mit Blei ausgegossen werden. Die rasante Entwicklung im Druckgewerbe hat aber auch bald die Dieburger Zeitung eingeholt, und das Blei, das einst die Welt veränderte, verschwindet fast ganz. Mit dem Offset-Druck beginnt ein neues Zeitalter, dessen noch schnellere Entwicklung - vorallem in der Druckvorbereitung - zu diesem Zeitpunkt noch nicht abzusehen ist. Eine weitere Neuerung: Das Blatt erscheint ab 1956 dreimal wöchentlich und entspricht so dem Bedarf nach aktueller Information aus Stadt und Land.

1956

Maschinentransporte sind in der engen Mühlgasse immer ein Problem. Hier muß sogar ein Fenster herausgebrochen und mit Bahnschwellen eine Rampe gebaut werden, um mit Hilfe eines Krans eine „Frankenthaler Konsul" Druckmaschine ins Haus zu schaffen.

Links: Heinrich Plappert, Leiter der Redaktion von 1952 bis zu seinem Tod 1964

Rechts: In den 50er Jahren immer noch zeitgemäß: eine Typograph Blei-Setzmaschine, mit der Fließsatz für die Textseiten der Zeitung gesetzt wird. Erst in den 70er Jahren wird sie durch die Fotosatz-Technik abgelöst.

Die Chefin rückt noch stärker in die Verantwortung, als Mitte der sechziger Jahre ihr Mann stirbt. Ihre Leistung würdigt Klaus Wagner bei der Feier im Jahre 78, wieder laut Darmstädter Zeitungsbericht: „Maria Plappert, die seit 1951 mit ihrem Mann und nach dessen Tod 1964 alleine die Zeitung herausgab, habe stets verantwortungsbewußt diese Aufgabe bewältigt. Sie sei der Motor der Zeitung gewesen. Im Jahr des Jubiläums habe sie nunmehr die Verantwortung in jüngere Hände gelegt." (11/78)

Die Redaktion besteht nun weitgehend aus freien Mitarbeitern. Einer der Treuesten ist der Journalist Ernst Schneider. Er schreibt als „Freier" über 20 Jahre für das „Blättchen". Für die Redaktion ist es ein großer Verlust, als er im Jahr 1976 stirbt ■

Oben: Kleine Feier mit der Belegschaft in einer Dieburger Wirtschaft. von links: Jean Dix, Günter Schmenger, Ingolf Breunig, Maria Plappert-Herrmann und Andreas Sattig.

Anlaß ist die Verleihung des Bundes-Verdienstkreuzes an Andreas Sattig, der 50 Jahre als Buchdrucker bei der Dieburger Zeitung beschäftigt war. Für seine Treue und Zuverlässigkeit wurde ihm 1965 diese Auszeichnung verliehen. Das Foto zeigt Sattig mit seinem Kollegen Jakob Dörr.

Der 130. Geburtstag

1978

Oben: Beim Geburtstagsempfang im kleinen Saal der Ludwigshalle werden über siebzig Gratulanten aus Politik, Kirche, Wirtschaft und Vereinsleben begrüßt

Rechts: Georg Schmidt zeigt zu diesem Anlaß eine Dokumentation der Zeitung, die große Beachtung findet: alte Ausgaben, Fotos, und Dokumente.

...,,wenn gegen Abend kam das Blättchen"

130 Jahre ,,Dieburger Anzeiger"

Aus Anlaß des 130. Geburtstages der Dieburger Zeitung lädt der Verlag ganz offiziell ein, denn es gibt nicht nur einen Geburtstag zu feiern, es steht auch ein Wechsel in der Geschäftsführung an. Wieder übernimmt ein Mitglied der Familie Herrmann-Plappert die Leitung. Mit Marianne Paul, der Tochter des Ehepaars Plappert und Enkelin von Heinrich Herrmann, rückt die Vertreterin der dritten Generation in die Verantwortung, zunächst als Mitgesellschafterin und Geschäftsführerin und fünf Jahre später als alleinige Inhaberin und Verlegerin. Ihr Bestreben ist es, so drückt sie es bei der Übernahme laut Zeitungsbericht aus, ,,die Tradition der Dieburger Anzeigers fortzusetzen, um den Dieburgern ihre Heimatzeitung zu erhalten." (Darmstädter Tagblatt, 11/78)

Vertreter der Dieburger Kommunalpolitik werden begrüßt, aber auch die Vorsitzenden der mehr als dreißig Vereine, die Geistlichen und schließlich auch Vertreter der Zeitungsverbände von Tages-und Heimatzeitungen. Selbstverständlich sind auch die Mitarbeiter und Freunde unter den Gästen.

Große Beachtung findet bei den rund siebzig Anwesenden die vom Heimathistoriker Georg Schmidt zusammengestellte Dokumentation ,,Vom Sein und Werden der Heimatzeitung".

Als damaliger Nachbar verfaßt Robert Thomas für den Karnevalverein ein Gedicht als Huldigung an das ,,Blättchen", das großen Beifall findet.

Wenn jemand mal Geburtstag hat
– 'nen solchen den nicht jeder hat –
dann kommt man gern zum gratulier'n,
möcht' das Geburtstagskind hofier'n,
denn 130 Jahr am Stück –
lang ist der Weg   blickt man zurück

Man weiß gar sehr – und keiner irrt sich –
man schrieb gar 1848
als hier, direkt am Gersprenzstrand
– für drauß' die Welt noch unbekannt –
das ,,WOCHENBLATT" zuerst erschien
'ne Zeitung gar für ,,sie" und ,,ihn".

Damals, da dachte man noch klar,
denn diese Zeitung, bitte, war
Organ – und zwar ein offizielles
– doch heute ist sie nicht mehr selles –
dieweil wir doch – schon lang ist's her –
sind kein Regierungsbezirk mehr.

Sie suchte damals nach Verbreitung.
Wer? Dieburg's eig'ne Tageszeitung.
Bald freute jeder sich im Städtche
wenn gegen abend kam das ,,Blättche".
Ob alt, ob jung – in jedem Haus
las einer was für sich heraus.

Die Politik war dort beschriwwe –
aach was im Rothaus werd getriwwe –
wie der die Faßnacht hot gefeiert –
unn wann de Schorsch die Kätt geheiert
aach wer gesegnet hot die Zeit –
fer den's um 12 schun ausgeläut!

War aam en Stallhas fortgelaafe –
sucht aaner irgend was zu kaafe –
wo's Stoff gibt, elegant zu trage –
un Kukirol fer Hühneraage.
So las mer's dorsch vun vorn bis hinne –
im Blättche konn't mer alles finne.

Dann kam herauf der schwarze Tag –
verschwunden war's mif einem Schlag
weil es zu ,,schwarz" war ausstaffiert
hat es das Dritte Reich kassiert.
Die Zeitungsdrucker hatten Ruh –
doch Dieburg selbst – sah traurig zu!

Somit kam eine stille Zeit,
nichts war zu lesen weit und breit
von Dieburg so in den Gazetten
man war vergessen – woll'n wir wetten –
so auf dem Land – doch bitte – nein,
im Jahre 1940-neun

War auch das ,,Blättchen" wieder da
wie es so nennt die Bürgerschar
Ganz liebevoll – von altersher –
drum neue Kundschaft fiel nicht schwer.
Das alte Brauchtum konnt' man pflegen:
Das Wort und Bild in Druck zu legen.

Und wieder ward' das Zeitungsblatt
das man dazu berufen hat
das Gute – aber auch die Sünden
in buntem Lichte zu verkünden.
Für's Gute sagt der ,,KVD"
für alle Narren ,,Dankeschee".

Dafür, daß immer, allezeit
für'n Spaß war'n Spalten stehts bereit.
Allweil doch alle Fastnachtsnarren
der frohen Kunde gerne harren –
ob Sitzungszeit, ob Fastnachtstage
stets kann die Zeitung man befrage

Wo Maskenbälle finden statt –
wer gar noch Sitzungskarten hat –
wie, wann und wo – woher – wohin –
wo wohl des Fastnachtszug's Beginn
und schnellstens liest man, das ist klar,
wer dann auch Dieburgs Prinzenpaar.

Dank sagt durch mich der ,,KVD!"
fragt einer, warum ich hier steh',
dem sage ich galant, nicht hart:
,,ich bin de' Narr'n ihr'n Pressewart!"

Dazu kommt noch was ganz spezielles,
und dies' spezielles ist gar selles:
Daß ich – wem kommt das in den Sinn?
der allernächste Nachbar bin –
So vom Geburtstagskind fürwahr
seh's täglich, immer, Jahr für Jahr:
woh'n nämlich g'rade ,,drüb' de' Bach",
hör' stets der Druckmaschinen Krach –
der mich nit aus den Angeln hebt,
er sagt, daß ,,Dieburg's Zeitung" lebt.

Als fastnachtliches Dankeszeichen
darf ich nunmehr hier überreichen
den ,,Narr vom Karneval-Verein",
er mög' ein guter Wächter sein
im Hause in der Mühlgass' drunten,
daß munt're Worte werd'n gefunden
für Dieburgs schöne Fassenacht
das freut den Narren und er lacht
er dankt symbolisch – wie könnt's sein –
für uns, den ,,Karneval-Verein".

Robert Thomas

**Neues gibt es nicht nur im Verlagsgebäude (links im Hintergrund), sondern auch davor.
Auf dem Nachbar-Grundstück, auf dem einst die Erlesmühle stand, wird Ende der siebziger Jahre das neue Amtsgericht gebaut, die Gersprenz wird verlegt. Das Foto zeigt, wie das neue Bachbett entsteht.**

Marianne Paul, im Verlagshaus aufgewachsen und von Kindesbeinen an mit Druckerschwärze und Bleigeruch vertraut, kehrt nach einem langen Aufenthalt in Hamburg in die Mühlgasse zurück. Die harte Konkurrenzsituation und eine Produktionsausstattung, die nicht der sich schnell wandelnden Technik entspricht, stellen die neue Geschäftsführerin vor erhebliche Herausforderungen. Trotz langer Abwesenheit kann sie als gebürtige Dieburgerin für sich einen großen Heimvorteil verbuchen. Schritt für Schritt modernisiert sie die Zeitungstechnik. Der sogenannte Fotosatz wird eingeführt, man druckt nur noch im Offset-Verfahren, nachdem längere Zeit hindurch zwei verschiedene Generationen von Maschinen nebeneinander in Betrieb waren.

Jetzt wird der überregionale Teil der Redaktionsgemeinschaft als Film geliefert. Trotz dieses schnelleren Verfahrens hat sich an der Hektik jedoch nichts geändert. Oft ist die frühmorgendliche Lieferung des überregionalen Redaktionsteils, der per Bahn nach Dieburg kommt, nicht pünktlich, manchmal geht er ganz verloren. Improvisieren und spontanes Disponieren wird zum Alltag. Der Leser ahnt nicht, mit welcher Aufregung und welchem persönlichen Einsatz aller Mitarbeiter manche Ausgaben entstehen. Allein die späte Auslieferung des ein oder anderen Dieburger Anzeigers läßt es auch für Außenstehende erahnen.

Die technischen Neuerungen machen erneut aufwendige Umbauarbeiten im Verlagsgebäude notwendig. Die tonnenschweren, alten Druckmaschinen werden herausgeschafft und machen Platz für die modernen, leichteren und handlicheren Offset-Maschinen. Um die gewohnte Erscheinungszeit zu garantieren, wird tagsüber die neueste Ausgabe produziert, nachts und am Wochenende umgebaut. Zur gleichen Zeit rollen auch die Bagger auf das angrenzende Grundstück der einstigen, historischen Erlesmühle. Dort entsteht Ende der siebziger Jahre das neue Amtsgericht.

Ein neues Verlagsprodukt entsteht

1980

Ein wesentlicher Schritt, um das Unternehmen wirtschaftlich zu sichern, gelingt Marianne Paul 1980 mit der Gründung des „Dieburger Anzeigenblattes". Das donnerstags erscheinende kostenlose Blatt wird fast im ganzen Altkreis Dieburg zugestellt und verbreitet sich mit einer Auflage von 22 000 Exemplaren bis Reinheim und Überau.

Möglichkeiten, noch mehr in der Öffentlichkeit präsent zu sein, werden wahrgenommen. So gerät auch die Gewerbeausstellung 1984 für die Zeitung und das Anzeigenblatt zu einem erfreulichen Erfolg. BTX, die letzte technische Neuheit in der Datenübertragung, wird einem staunenden Publikum auf dem Ausstellungsstand demonstriert. Der Verlag zeigt außerdem seine heimatgeschichtlichen Produkte. Beliebt - und mittlerweile Sammlerobjekte - sind die in den Jahren 1980 bis 1990 erscheinenden Dieburger Kalender, die ausschließlich Dieburger Motive zeigen. Die meisten davon mit seltenen historischen Aufnahmen, aber auch mit Zeichnungen und aktuellen Fotos.

Die kleine Redaktion

Die Veränderungen beim Dieburger Anzeiger machen auch vor der Redaktionstür nicht halt. Hatte Heinrich Plappert bis zu seinem Tod 1964 noch selbst die Redaktion der Zeitung geführt, sind in den folgenden Jahren hauptsächlich Artikel von freien Mitarbeitern erschienen. Jetzt entsteht eine eigene kleine Redaktion. Nachdem der Fotosatz eingeführt ist, haben auch die Schreibmaschinen ausgedient. Bildschirme werden für die Redaktion angeschafft, die mit dem Fotosatz verbunden sind. Das Fotolabor wird eingerichtet. Zu den Terminen in Stadt und Umland erscheinen nun die Redakteure und Volontärinnen des „Blättchens", recherchieren und fotografieren - der kleine Verlag ist autark.

Bei einem Besuch im Verlag zeigt Bürgermeister Stephan Schmitt großes Interesse für das neue Fotosatz-System

1983

„135 Jahre Dieburger Anzeiger", so verkünden es auch die pinkfarbenen Luftballons an den Austellungsständen. Zum Geburtstag erscheinen Sonderseiten von Technik und DA-Team:
von hinten links:
Helmut Packa,
Joachim Rieken,
Harald Heckmann,
Heinz Peter Petrat,
Marianne Paul,
Edith Auer,
Sigrid Olbrich,
Ursula Schödler,
Elisabeth Krauß,
Heidi Beilstein ,
Susanne Heinel

Geleit zum Geburtstag

Liebe Marianne Paul,
alte Menschen fragt man oft nach dem Rezept für ihr langes Leben. Was Ihr Blatt, den Dieburger Anzeiger betrifft, der nun den Schritt vom 135. in das 136. Bestehensjahr vollzieht und damit landesweit zu den ältesten Zeitungen im Dienst für die Heimat gehört, wäre nicht nur nach dem Rezept für die Langlebigkeit, sondern auch für den Erfolg zu fragen.

Müßte ich denn ein Rezept dieses jetzt 135jährigen Lebens ausstellen, würde bald offenbar, daß ein solches Rezpt nicht in eine einfache Formel zu pressen ist.

Möglicherweise gehört ja, wie im menschlichen Leben auch, die Größe Glück dazu. Doch das allein kann es nicht sein. Ein unbestreitbarer wichtiger Faktor muß hinzukommen: die Unabhängigkeit und Freiheit der Redaktion.

Ohne beides ist es kaum denk- und vorstellbar, daß sich Ihr Dieburger Anzeiger das Ansehen und damit die Stellung in Dieburgs Öffentlichkeit hätte erwerben und über 135 Jahre hinaus hätte erhalten können, wenn Sie und Ihre Redakteure irgendwelchen Sonderinteressen von Gruppen und Grüppchen nachgegeben hätten.

Natürlich lauerte und lauert diese Gefahr stets und überall, versteckt und offen. Und an Versuchen, die Redaktion - mit oft garnicht feinen Mitteln - in eine bestimmte Richtung zu drängen, hat es in den letzten Jahren weiß Gott nicht gefehlt.

Sie haben dieser Einflußnahme, diesem Druck von außen nach dem Motto „wehret den Anfängen" standgehalten und sich gegen alle Widrigkeiten stets einer wahrheitsgetreuen Berichterstattung verpflichtet gefühlt. Auch wenn diese Wahrheit für die direkt Betroffenen oft unangenehm oder bitter war.

Diese im Grunde selbstverständliche, für hiesige Verhältnisse jedoch schon mutig zu nennende Haltung ist ein Verdienst, das für das geschriebene Wort in dieser Stadt nicht hoch genug veranschlagt werden kann. Und Ihre verlegerische Persönlichkeit bietet die Gewähr dafür, daß sich an dieser Haltung auch in Zukunft nichts ändern wird. Davon bin ich gerade an diesem 135. Geburtstag Ihres Blattes fester denn je überzeugt.

Ihr
Hans H. Müller (hhm)

Der Stand des Dieburger Anzeigers, mitten im Markttrubel, ist immer ein beliebter Treffpunkt. Bei einem Glas Primeur gibt es nicht nur Aktuelles, sondern auch jährlich neue heimatgeschichtliche Publikationen.

Auf dem in den 80er Jahren entstehenden Dieburger Martinsmarkt ist der Verlag von Anfang an präsent.

Von großem Interesse: der neue Dieburger Kalender. Auf dem Martinsmarkt wird er von Bürgermeister Christ, Monika Dambier-Blank und Josef Blank schmunzelnd begutachtet.

Um in der Innenstadt mehr präsent zu sein, eröffnet Marianne Paul 1987 die Geschäftsstelle in der Steinstraße. Die kleine Feier, die aus diesem Anlaß stattfindet, ist für die Chefin eine Art Barometer ihrer Tätigkeit, denn die eingeladenen Personen aus dem öffentlichen Leben der Stadt und der Umgebung erscheinen ohne jede Ausnahme. In dieser Geschäftsstelle, wo Zeitungsseiten aushängen, werden auf den wenigen Quadratmetern Anzeigen angenommen, Karten für Veranstaltungen und Publikationen des Verlags verkauft.

Doch naht trotz aller sichtbaren Erfolge für Marianne Paul der schmerzliche Zeitpunkt, zu dem sie sich entschließt, den „Dieburger Anzeiger" zu verkaufen. Hierzu drängen mehrere gewichtige Faktoren. Zum einen steht eine vierte Generation, die das Unternehmen fortführen möchte, nicht zur Verfügung, da beide Kinder der Verlegerin beruflich andere Wege gehen. Sodann hat der Verlag räumlich keine Ausdehnungsmöglichkeit mehr, seit das Amtsgericht unmittelbar daneben in der Erlesmühle errichtet worden ist. Und - der Hauptgrund - eine Flut von neuen Maschinen müßte angeschafft werden, um technisch mitzuhalten.

Ein Konzentrationsprozeß wie überall in der Wirtschaft, der nur noch den Begriff der Effizienz kennt und der zahllose „kleinere" Existenzen und oft auch deren Image gefährdet, hilft bei diesem Entschluß.

So kommt es, daß die Traditionszeitung, eine der frühen Gründungen im Lande Hessen, in andere Hände übergeht, in die der „Offenbach Post".

Marianne Paul bleibt im Verlagswesen tätig und gründet den „Dieburger Verlag" mit dem Schwerpunkt Regionalliteratur. Der „Dieburger Anzeiger" erscheint weiter, auch die Redaktion im Ort bleibt bestehen. Was aber endet, ist die lange Zeit, in der direkt in der Stadt die Heimatzeitung auch gedruckt wird. Ein Entschluß für Marianne Paul, mit Wehmut verbunden und doch auch mit Erleichterung, weil es der richtige Schritt zum richtigen Zeitpunkt ist.

In eigener Sache:
Der »Dieburger Anzeiger« ist auf Zukunft gesichert

DIEBURG. Die Verlegerin des »Dieburger Anzeiger«, Marianne Paul, hat die Zukunft der Heimatzeitung gesichert. Mit Beginn des neuen Jahres wird die »Pressehaus Bintz-Verlag, GmbH & Co. KG« den »Dieburger Anzeiger« übernehmen und damit die Zeitung auf eine insgesamt breitere Basis stellen.

Der »Dieburger Anzeiger« wird als selbständige Heimatzeitung weiter hier in Dieburg erscheinen. Marianne Paul bleibt Herausgeberin. Die Redaktion der Zeitung bleibt in Dieburg und wird personell verstärkt, um noch mehr Nachrichten insbesondere aus dem Verbreitungsgebiet schnellstmöglich dem Leser zu vermitteln. Alle Mitarbeiter des »Dieburger Anzeiger« werden sich auch in Zukunft größte Mühe geben, den Lesern eine aktuelle, kritische, überparteiliche Zeitung mit verstärktem Anzeigenteil zu bieten. Die Qualität zu steigern und dem Leser ein umfangreicheres Angebot zu offerieren sind erklärtes Ziel der neuen Verlagsleitung. Marianne Paul: »Mit diesem Schritt hoffe ich, im Sinne der Leser und der Tradition des Verlagshauses die richtige und zukunftsweisende Entscheidung getroffen zu haben«.

Die Volontärinnen

In der Zeit zwischen 1980 und 1989 werden im Verlag vier Volontärinnen ausgebildet. Zwei Jahre lernen sie das Schreiber-Handwerk, in einer Zeit, in der Multimedia anfängt, auch die Druckindustrie mit ihrer neuen Technik zu überollen. Beim Dieburger Anzeiger vollzieht sich die Umstellung auf elektronische Textverarbeitung jedoch nicht schlagartig. Die Volontärinnen haben noch Einblick in die Technik des alten Handwerks. So wissen sie heute, was ein Bleisatz ist, wie gedruckt und gefalzt wird und wie aufregend doch das „Zeitungsmachen" sein kann. Die harte Schule des „learning by doing" hat sie für ihre weitere berufliche Laufbahn fit gemacht.
Dem Wunsch ihrer damaligen Chefin, ein paar Zeilen über ihre Dieburger Zeit zu schreiben, sind alle vier spontan nachgekommen.
Was aus den jungen Damen von damals geworden ist, erfahren Sie auf den folgenden Seiten.

Die Volontärinnen

(cs)

Ein Bayer in der Diebojer Diaspora. Ei wie? statt Grüß Gott, Weck und Worscht statt Leberkässemmel und Dieborsch Äla statt Helau: Dieburg ist für einen Bayern (räuberisches Bergvolk) die totale Herausforderung. Vor allem, wenn er mit viel Rosinen im Kopf bei der Heimatzeitung, dem „Dieburger Anzeiger" anfängt. Ein „Watergate" war in der Lokalredaktion nicht auszugraben, kein Pulitzer-Preis weit und breit in Sicht. Statt Senatoren in Georgetown traf man den Landrat bei Kindergarteneröffnung und dem Kaninchenzüchtertreffen. Auch abends war der Volontär von der Straße, amüsierte sich bei Stadtverordneten- wie bei Fremdensitzungen über die gelungene Inszenierung. Politisch ließ die schwarze Enklave im roten Hessen beim Bayern eher Heimatgefühle aufkommen, doch die Dieburger Fastnacht ist verglichen mit dem wilden Faschingshedonismus Münchner Studentenfeste eine ernste Sache. Obwohl sich alle schepp lachten, als ich stolz die Fotos vom neuen Prinzenpaar präsentierte: Ich hatte das alte geschossen.

Exklusiv. Aber vier Stunden frierend einen Fastnachtszug mit klammen Fingern zu dokumentieren und fünf Stunden (ohne Kissen auf härtestem Gestühl!) Fremdensitzung Insider-Witze im Dialekt mitzustenografieren - das ist härteste Schule für jeden Journalisten. Cognac-Schwenks und Kerb-Reportagen live aus dem Karussell inbegriffen. Learning by doing war die Devise, bzw. „schwimm oder stirb".

Irgendwie habe ich das survival training überlebt und sogar gelernt, eine Kamera zu halten. Dermaßen vom Dieburger Alltag gestählt, überstand man selbst die gefürchteten Blattkritik-Konferenzen mit Peter Boenisch bei „Bunte", denn er machte gern die studierten Journalisten der Redaktion nieder, „gelernte" von der Pike auf fanden eher Gnade - vor allem natürlich Profis von einem Traditionsblatt wie dem „Dieburger Anzeiger"

Jetzt wurde diese letzte Talentschmiede von einem großen Nachbarblatt übernommen. Was soll bloß aus dem deutschen Journalismus werden?

(cs) Constanze Huber, geb. Siebert
*1957 in München
1963 Berufswunsch Schriftsteller
1975 High School
Abschluß Munich
International School
1 Jahr Connecticut
1977 Erster Artikel im
„Starnberger-Land-und Seebote"
Studium politische Wissenschaften
nach 7 Semestern erfolgreich
abgebrochen, weil endlich
Volontariat in Dieburg
1981-1983 Dieburger Anzeiger
Fron an der Zeitungsfront
2 Jahre Redakteurin bei „Der Mann"
Lifestyle-Magazin mit Mode
3 Jahre „BUNTE"
Unterhaltungsredaktion
1 Jahr „FORBES!"
Wirtschaftsredaktion
7 Jahre „Herz für Tiere"
Redakteurin
dazwischen Heirat in Schottland
mit Sylvester Huber, Fischermeister
1 Sohn Sylvester, der achte in
der Fischerdynastie der Sylvester

(su)

"Eingeplackte" haben's erst mal schwer in Dieburg. Und wenn man das dann auch noch als Berufsneuling dick in die Zeitung schreibt...Au weia!
Meinen ersten Artikel als Volontärin haben mir manche nicht so schnell verziehen.
Aber die Redaktion war's gewöhnt, „Klartext" zu schreiben und manchmal entsprechenden Groll der Betroffenen zu ertragen. Dafür war dieses Blatt aber auch wirklich anders als die drei (!) anderen, großstädtischen Lokalausgaben. Soviel Konkurrenz in einer Kleinstadt, das war wohl einmalig und ungewohnt für mich. Als Schülerin hatte ich in einer „Monopolzeitung" gearbeitet. Wie verschlafen das manchmal war, wurde mir erst in Dieburg klar.
Politiker so fragen, daß sie auch die wirklich wichtigen Dinge erzählen, im größten Menschenauflauf scharfe Bilder schießen, eine Zeitungsseite so gestalten, daß man sie gerne liest, und montags morgens vor dem Frühstück Artikel vom Wochenende schreiben, das alles habe ich hier gelernt.- Und - Fastnacht feiern. So schön wie der Dieburger ist kein Mainzer Fastnachtszug, Hand aufs Herz!
Unvergessen sind die Sonderschichten nach der Prinzenproklamation mit Unmengen von Kreppel und Kaffee. Welcher Redakteur hat schon jemals die Chance, seine druckfrische Zeitung (in diesem Fall den „Fast-Nachtanzeiger") verkleidet unter die Leute zu bringen? Der schwarz-weiß-pinke Stand auf der Gewerbeausstellung - der Stolz der ganzen Belegschaft. Diese Mischung aus Familientradition und modernem Firmenmanagement, das hatte schon was.
Die Gruppenkläranlage, das frisch sanierte Badhaus, die erste Fraktion aus Grünen/LD: Als „Zeitungstante" lernt man eine Stadt schnell kennen - und allmählich schätzen.
„su" war am Anfang nur das unvermeidliche Kürzel vor jedem Artikel, nach und nach wurde es mein Dieburger Rufname. Und - ein „Souvenir" hab ich mir auch nach Mainz mitgenommen: Dieter Böhme, den jüngsten und aufsässigsten Abgeordneten im Stadtparlament - heute mein Ehemann.

(su) Susanne Böhme geb. Heinel, 1963 geboren und aufgewachsen in Kirchheimbolanden/ Pfalz
1983 Abitur
danach Volontariat beim „Dieburger Anzeiger".
1985 SWF-Hörfunk, Mainz
Traumjob als „rasende Reporterin", später Moderatorin und Redakteurin.
1991 Heirat mit Dieter Böhme, 2 Kinder
1995„ Gerechte" Aufteilung in Beruf (Mainz) und Familie (Wiesbaden)

(lab)

Dieburg macht seinem Namen alle Ehre - die Gersprenzstadt ist, so scheint es mir, „die Burg" geblieben: Eine Hochburg der Fastnacht, politisch eine „schwarze" Burg im eher „roten" Umland. Eine besondere Burg, gab es hier doch eine Zeitung, die engagiert und aktuell das „Burg-Stadtleben" begleitete und sich als >David< gegen drei große Tageszeitungen von außerhalb behauptete; und die obendrein schon seit langer Zeit in der Burg verwurzelt war. Soviel Burgen-Indentität beflügelte und spornte an. Das half mir, war ich doch neu in Dieburg, hatte sozusagen den „Blick von außen". Ei Gure wie, wo machste dann hie? - Auch in sprachlicher Hinsicht gab es noch einiges zu entdecken.

Meine erste große Aufgabe waren die Texte für eine Sonderausgabe zum 10. Geburtstag der Jumelage mit Aubergenville. Fünf Aktenordner voller Ereignisse, die Josef Blank gesammelt hatte, waren meine Quelle. Ich glaube, wir lieferten damit einen schönen Beitrag zu diesem Fest.

Meine ersten Presse-Fotos scheiterten allerdings an meiner mangelnden Erfahrung und brachte mir den Necknamen „Schlappschuß" ein.

Manchmal war der Burgfrieden auch gefährdet. Daß die Linden in der Ketteler Straße gefällt werden sollten, bewegte die Dieburger tief. Die „Schnuller" machten daraus einen der Fastnachthits des Jahres 1985: „Solang noch uns're Linden in der Kettelerstraße blüh'n, solang sind alle Sünden Herrn Aelken noch verzieh'n". Längst ist das Schicksal der Linden besiegelt. Später mußte auch Herr Aelken seinen Stuhl als Bürgermeister räumen, nicht wegen der Linden - eher wegen anderer Fallstricke.

Nicht alles fand in Dieburg Beifall. Der renommierten Ausstellung „Habuba Kabira", die Ausstellungsstücke einer Stadt in Syrien vor 5000 Jahren zeigte, war dies nicht so recht vergönnt. Dagegen kam die Wiedereinführung der Kerb und die Premiere des Martinsmarktes sehr gut an, wie auch das neue Outfit des altehrwürdigen Mainzer Hofes.

Die Eröffnung unserer Geschäftsstelle in der Steinstraße empfand ich als tollen Erfolg für unseren Verlag.

Unvergessen wird die Fastnacht 1987 für mich bleiben, als unsere Chefin, die „Machern vom Blädche", wie Robert Thomas in seiner Laudatio sagte, die „Holzig Latern" bekam. Eine Auszeichnung, die vom Karnevalverein für den Erhalt von Brauchtum verliehen wird.

(lab) Michaela Bögner, *1958 in Heidelberg nach Abitur Studium der Fächer Deutsch und Russisch für das Lehramt an Gymnasien, 1. Staatsexamen;
Freie Mitarbeit bei der Gießener Allgemeinen Zeitung;
1985 -1987 Volontariat beim Dieburger Anzeiger;
1987 - 1988 freie Journalistin;
1988 - 1991 Geschäftsführung der Kommunalpolitischen Vereinigung „GRÜNE/Alternative in den Räten Rheinland-Pfalz e.V.";
seit 1991 wissenschaftliche Mitarbeiterin der Fraktion Bündnis 90/DIE GRÜNEN im Landtag in Rheinland-Pfalz; verheiratet, 2 Kinder.

Foto: lab mit hhm (Hans H. Müller)

(mh)

Die Augen der Vereinsvorsitzenden, Politiker, ja des Dieburgers schlechthin weiteten sich, wenn die "Neue" beim Dieburger Anzeiger zu Fragen ansetzte. Sie sprach reines Hochdeutsch. "Ei, die ist nicht arrogant, die kann nicht anders reden", mußte Marianne Paul beruhigend eingreifen. Aber auch als Norddeutsche und Nicht-Karnevalistin ließ man gleich in den ersten Wochen Federn: Wünsche, über die Fastnachtstage zu einem Kurzurlaub zu entschwinden, wurden im Keim erstickt. "Das sind die wichtigsten Tage im Jahr in Dieburg, da kann man nicht verreisen", hieß es einhellig in der Redaktion.

Und so gewöhnten wir uns aneinander: Das Nordlicht an Dieburg und die Dieburger an das ein wenig „hochnäsige" Norddeutsch. Dabei übernahm der Dieburger Anzeiger das entscheidende „Briefing": Der ist wichtig in der Politik, jener gehört zu den Honoratioren und den sollte man unbedingt kennen; diese Veranstaltung ist ein Muß, der Verein seit Jahrzehnten eine Größe in der Stadt und ohne diese Veranstaltung wäre das städtische Leben undenkbar. Alles wurde vermittelt, inklusive einer kleinen Einführung ins katholische Einmaleins (von M - wie Monsignore bis Z wie Zölibat.)

Fastnacht erforderte eine gesonderte Einführung. Doch dann überstieg das Erlebte die geballte Vorstellungskraft eines Nicht-Fastnachters. Eine Stadt, die tagelang Kopf steht, Erwachsene, die nur noch närrisch kreischen, Kostümierte rund um die Uhr - ob hinterm Lenkrad oder „uff de Gass". Die Geschäfte geschlossen, andere Lokalitäten tauchten plötzlich wie Phönix aus der Asche auf. Kein „Normaler" in Sicht, auch nicht beim mit Hochdruck arbeitenden Dieburger Anzeiger.

Verwirrende Zeiten für einen Neuling. Das Einprägsamste als Schreiber-Lehrling: Lassen andere Zeitungen ihre Leser-Blatt-Bindung erforschen, war in Dieburg der Draht zum „Blättche" immer sehr kurz, manchmal zu kurz. Morgens noch am Atrikel geschrieben, traf man nachmittags beim Einkauf schon auf die Kritiker. Aber auch Tips, politische Hintergründe oder einfach Wissenswertes - natürlich über Dieburg - gingen den gleichen Weg. Die Stadt und ihr „Blättche": Oft schien es mir eins. Und nichts ist schöner, als heute für Stunden wieder in dieses enge Geflecht einzutauchen: „Ach, das ist die, wo früher beim Anzeiger geschafft hat; die immer hochdeutsch spricht."

(mh) Mechthild Harting,
*2.7.1961 Hannover,
Schule und Studium Hannover,
1988 - 1989 Volontariat beim Dieburger Anzeiger
1991 - 1997 Redakteurin bei Radio FFH in Wiesbaden
seit 1997 FAZ - Redakteurin bei der Rhein-Main-Zeitung

Quellen

1 Lange, S. 46
2 ebd., S. 44
3 ebd., S. 43
4 Magistrat, S. 359
5 Franz, S. 261
6 Schulze, S. 134 f.
7 Kath. Kirchenkalender, S. 99
8 ebd., S. 423
9 Kath. Ki.-Kalender, S. 423 u. Magistrat, S. 143
10 Magistrat, S. 153
11 80 Jahre Heimatzeitung, 1928
12 ebd.
13 ebd.
14 Franz, S. 266
15 Lange, S. 57
16 ebd., S. 54
17 80 Jahre Heimatzeitung, 1928
18 ebd.
19 ebd.
20 ebd.
21 Lange, S. 53 ff.
22 ebd., S. 6423 Mann, S. 657
24 Lange, S. 64
25 Schmidt, S. 334 ff.
26 Anno Domini 1926
27 80 Jahre Heimatzeitung, 1928
28 Anno Domini 1926
29 ebd.
30 Frei/Schmitz, S. 14
31 ebd., S. 23
32 Mann, S. 813
33 Pleticha, Band 11, S. 255
34 In memoriam: Hch. Herrmann, 1952
35 Schmidt, 130 Jahre DA, 1978
36 135 Jahre Dieburger Anzeiger 1983
37 130 Jahre Dieburger Anzeiger, 1978
38 Schmidt, 130 Jahre DA, 1978
39 Magistrat, S. 175 ff.
40 ebd., S. 179
41 Schmidt, 130 Jahre DA, 1978
42 ebd.

Autor: Jürgen Heinel, Dr. phil., geb. 1930 in Chemnitz, Historiker und Germanist. Zahlreiche Veröffentlichungen: Sachbücher, Bildbände und Biographien mit dem Schwerpunkt im südwestdeutschen Raum. Textautor vom „Rundgang durch das alte Dieburg".

Kater Gutenberg, heimlicher Chef und Maskottchen des gesamten Verlages, bevorzugte seinen Ruheplatz immer auf den wichtigsten und aktuellsten Dingen. Am liebsten auf Anzeigenaufträgen, in Kamerataschen und auf Schreibtischen, aber ganz besonders gerne legte er sich auf frisch gedruckte Zeitungsstapel. Seinem Namen machte er jedenfalls alle Ehre.

Literaturverzeichnis

Dekan Ebersmann (Red.): Katholischer Kirchenkalender der Pfarrei Dieburg, 1915-1930, Nachdruck 1988

Eckhart G. Franz: Die Chronik Hessens, Dortmund 1991

Norbert Frei/ Johannes Schmitz: Journalismus im Dritten Reich, München 1989

Thomas Lange: Hessen-Darmstadts Beitrag für das heutige Hessen, Wiesbaden 1993

Herbert Lilge: Hessen in Geschichte und Gegenwart, Stuttgart 1992

Magistrat der Stadt Dieburg (Hg.): Dieburg, Beiträge zur Geschichte einer Stadt, Dieburg 1977

Golo Mann: Deutsche Geschichte des 19. und 20. Jahrhunderts, Frankfurt 1963

Heinrich Pleticha (Hg.): Deutsche Geschichte, Band 9, Von der Restauration bis zur Reichsgründung, 1815-1871, Gütersloh 1987

Heinrich Pleticha (Hg.): Deutsche Geschichte, Band 10, Bismarck-Reich und Wilhelminische Zeit, 1871-1918, Gütersloh 1987

Heinrich Pleticha (Hg.): Deutsche Geschichte, Band 11, Republik und Diktatur, 1918-1945, Gütersloh 1987

Georg Schmidt (Hg.): Blätter zur Geschichte der Stadt Dieburg, Reihe 1, Dieburg 1968-1972

Hagen Schulze: Kleine deutsche Geschichte, München 1996

Fotos

Seite 19 Druckhaus am Markt
         Archiv Schmidt

Seite 25 Bahnhof
         Stadtarchiv

Seite 31 Theaterbrand in Darmstadt
         Staatsarchiv Darmstadt
         Nr.18141 R4

Seite 39 Großherzog Ludwig III.
         Stadtarchiv Darmstadt

Alle weiteren Fotos:
Privatarchiv Marianne Paul

BÜCHER AUS DEM DIEBURGER VERLAG

Katholischer Kirchenkalender
für die Pfarrei Dieburg für die Jahre 1915-1930

Dekan Jakob Ebersmann (Hrsg.)
Nachdruck, 474 Seiten, gebunden, Originalformat,
zweifarbig, in wertvoller Ausstattung.
Eines der bedeutendsten und wertvollsten Werke
der Dieburger Heimatliteratur.

ISBN 3-931611-03-5   Preis: DM 48,00

Dieburg in Geschichte und Dichtung

Gebunden, 228 Seiten
Eine Sammlung heimatgeschichtlicher Erzählungen verschiedener Autoren.
* Die Belagerung von Dieburg (C. Scriba)
* Der Wolf von Dieburg (K. Schraudenbach)
* Der Totenmarkt (E.E. Niebergall)
* Die Kurmainzer Amtsstadt Dieburg im Dreißigjährigen Krieg (V. Karst)
* Der Türkenhannes (R. Gerkenner)
* Dieburg in Geschichte und Dichtung (verschiedene kleine Beiträge)

ISBN 3-931611-01-9   Preis: DM 48,00

Päirer un Jagobb

Dieburger Zeitgeschichte in Karikaturen
von Hannes Staudt
140 Seiten, 70 Karikaturen mit Szenen aus dem
Dieburger Alltag, die der Dieburger Maler Hannes
Staudt in den 60er und 70er Jahren festgehalten hat.
Ein Büchlein zum Nachdenken und Schmunzeln.
Preis: DM 10,00

BÜCHER AUS DEM DIEBURGER VERLAG

Rundgang durch das alte Dieburg

von Jürgen Heinel
76 Seiten, 70 historische Fotos mit Texten. Sämtliche gezeigten Ansichten von Dieburg existieren heute zum größten Teil überhaupt nicht mehr oder in total veränderter Form

ISBN 3-931611-04-3   Preis: DM 29,00

Alte Dieburger Wirtshäuser

von Marianne Paul
140 Seiten, reich bebildert, 500 Jahre Dieburger Wirtshaustradition mit interessanten Geschichten von 70 alten Wirtshäusern, von denen heute nur noch 11 unter anderen Namen existieren.

ISBN 3-931611-00-0   Preis: DM 34,90

Hexenprozesse in Dieburg

von Heinz und Margarete Emslander
Gebunden, 182 Seiten, 27 Abbildungen
Eine Darstellung der beiden großen Hexenprozesse in Dieburg zwischen 1596 und 1630. Die transskribierten Quellen geben Einblick in die damaligen Prozeßakten und deren Hintergründe. Die Prozesse mit ihren „Blutgerichten" verschlangen wohlhabende Dieburger Ratsherren mit ihren Familien ebenso wie arme Hospitalbewohner. Eine hochinteressante Lektüre nicht nur für den regional Interessierten.

ISBN 3-931611-02-7   Preis DM 32,00

Der Mensch und sein Geschlecht

von Dr. J. F. Albrecht

Nachdruck aus dem Jahr 1889, 147 Seiten, broschiert

Der Autor, Arzt und populärwissenschaftlicher Schriftsteller, erreichte im letzten Viertel des 19. Jahrhunderts die 25.Auflage mit seinen „Belehrungen über physische Liebe, Leitung des Geschlechtsgenusses, über Empfängnis, Schwangerschaft und Enthaltsamkeit zur Erzeugung gesunder Kinder und Erhaltung der Kräfte und der Gesundheit.

ISBN 3-931-611-05-1 Preis: 19,90

Sie dürfen nicht alles so schwarz sehen...!

Cartoons von H. P. Murmann
200 Seiten, broschiert, DIN A4
Irrläufer der Sprache, Tücke des Objekts oder der Situation - H. P. Murmanns unschuldige Schafe erleben die Welt auf menschlichere Weise, als man ihnen auf den ersten Blick zutrauen würde. Ein Buch zum Lachen und Nachdenken.

ISBN 3-931611-06-X Preis: DM 19,90

Aamol im Joahr...

Cartoons von H. P. Murmann, 82 Seiten
Fallstudien zu einer periodisch und regional auftretenden Epidemie. Ein nicht völlig ernstgemeinter Beitrag zur Dieburger Fastnacht in gezeichneten Geschichten.
Mit einer allgemeinverständlichen Kurzgrammatik des Dieburger Dialekts.
Preis: DM 10,00

BÜCHER AUS DEM DIEBURGER VERLAG